ALTERNATIVAS

Alternativas

La voluntad de Dios en cuanto al
SEXO, LA SOLTERIA, EL NOVIAZGO Y EL MATRIMONIO

© 1993, EDITORIAL BETANIA, Inc.
9200 S. Dadeland Blvd., Suite 209
Miami, Florida 33156, EE.UU.

Título original en inglés: *Choices*
© 1982 por Stacy y Paula Rinehart

Traductora: Adriana Powell

ISBN 0-88113-111-3

Reservados todos los derechos.
Prohibida la reproducción total o
parcial de esta obra sin la debida
autorización de los editores.

A Gordon y Brenda Van Amburgh
y
John y Karen D'Arrezzo
cuya ayuda e influencia nos guiaron
en las decisiones del noviazgo y del
matrimonio

ÍNDICE

Autores	9
Prólogo	11
Prefacio	13
Reconocimientos	15
Cómo aprovechar este libro al máximo	17
1. Contra la corriente de nuestra cultura	19
2. Principios eternos	37
3. Relaciones saludables	45
4. Responsabilidades	63
5. Un noviazgo juicioso	83
6. ¿Por qué no?	99
7. La castidad en un mundo erótico	111
8. Soltería	127
9. Parece que esto va en serio	141
10. Llegar a ser uno	157
Bibliografía	171

Autores

Stacy Rinehart es graduado de *Trinity Evangelical Divinity School*, y es asesor en la capacitación de líderes de Los Navegantes, en Colorado Springs, California. Anteriormente había sido representante de la misma organización en Tulsa, Oklahoma, como coordinador del ministerio en el noroeste de Oklahoma. También ha dirigido el ministerio estudiantil en la Universidad Estatal de Oklahoma. Conoció el movimiento de Los Navegantes en Fort Benning, Colorado, cuando ejercía como oficial del ejército de los Estados Unidos.

Paula Corn Rinehart es graduada de la Universidad de Tennessee, donde se desempeñaba como miembro de Los Navegantes. Es también autora de varios libros de estudios bíblicos para pre-adolescentes: *Stuck Like Glue* («Firmemente unidos»), *One of a Kind* («Iguales»), *Never too Small for God* («Nunca eres poco para Dios»).

Los Rinehart han escrito también *Living for What Really Matters* («Vivir por lo que realmente vale la pena»), NavPress, 1986. Stacy y Paula viven en Colorado Springs con sus dos hijos, Allison y Brady.

Prólogo

En el libro *Better Than Gold* («Mejor que el oro»), Robert Flack escribe: «Casarse es fácil; mantenerse casado es difícil; y ser feliz de por vida en el matrimonio es un verdadero arte».

¡Cuánta verdad hay en esas palabras! Pero muchas de las decisiones que hacen feliz a un matrimonio se hacen mucho antes de dar el «sí». A menudo los cimientos decisivos de la felicidad matrimonial se deterioran por las elecciones equivocadas hechas en esos años iniciales. Si no nos esforzamos en pensar como cristianos, aceptamos sin crítica lo que el mundo ofrece. No procuramos aplicar los principios de Dios a nuestras relaciones de noviazgo, y confiamos que el día de la boda tendremos una varita mágica con la que borraremos las grabaciones que han venido programando nuestra relación durante tanto tiempo. ¡Imposible!

Para orientar en el proceso de tomar decisiones apropiadas, Stacy y Paula Rinehart han investigado y escrito un libro con fundamento bíblico y profundidad espiritual cuyos principios pueden ayudar a construir una estructura fuerte que haga sólido y feliz a un matrimonio.

Quizás usted no coincida con todo lo que presentan aquí los Rinehart, sin embargo, este libro será un desafío para pensar, orar y elaborar sus propias convicciones.

Le pedimos a Dios que le ayude a forjar convicciones sólidas y aplicables a su noviazgo, en lugar de simplemente dejarse llevar en la relación prematrimonial. Un principio que vale la pena ahondar cada día es el siguiente: «Ten presente al Señor en todo lo que hagas, y él te llevará por el camino recto» (Pr 3.6, VP).

Jack Mayhall

Prefacio

Paula, te doy este anillo como prenda de mi amor por ti. Dios te ha dado las cualidades esenciales para llegar a ser mi esposa. Tú le has dado alegría, creatividad y belleza a mi vida. Prometo amarte, renunciando a mis derechos, como Cristo hizo por su esposa, la iglesia. Prometo guiarte, como Dios orienta nuestra vida, y prometo ser responsable por tu bienestar y por el de nuestros hijos. Quiero que seas siempre mi mejor amiga. No importa qué ocurra en nuestra vida, podemos regocijarnos y disfrutar de la vida porque Dios nos ha guardado en su mano. Nosotros amamos, Paula, porque Dios nos amó primero.

Stacy, he visto a Dios guiarnos de una manera muy especial, y me comprometo a hacer de nuestro matrimonio y de nuestra vida un testimonio de que Dios es real. Prometo amarte cada día. Prometo ser franca y honesta contigo para que no vivamos vidas aisladas y separadas. Confío en ti y te entrego el liderazgo. Ante Dios y los hombres, serás la cabeza de nuestro hogar. No me pidas que te deje o deje de seguirte. Tu pueblo será mi pueblo, tu Dios será mi Dios. ¡Que el Señor me castigue con toda dureza si me separo de ti, a menos que sea por la muerte!

Alternativas

Empezamos nuestra vida juntos el 4 de agosto de 1973 con estas palabras. Pero sería engañoso que diéramos la impresión de que todo es tan simple como repetir estas bellas palabras. Este libro trata de las luchas que enfrentamos y la decisiones que hicimos antes de ese día dulce y resplandeciente de agosto.

Nuestro enemigo, el padre de la mentira, nos insta a elegir el camino ancho de este mundo, prometiéndonos libertad y placer a cada paso. Pero en realidad, los que eligen ese camino descubren que lo que pensaban que sería satisfacción y placer termina siendo destrucción y miseria.

Dios, en cambio, nos pide que sigamos el sendero angosto, que a pesar de parecer estrecho, nos lleva a la vida. Dios no es deudor de nadie, y los que se deciden a obedecerlo encuentran la libertad y la plenitud que tanto anhelan.

Es nuestro anhelo que quienes lean este libro se sientan motivados a elegir la «puerta angosta» y experimentar la vida que Dios promete en todo lo referido al noviazgo y el matrimonio.

Stacy y Paula Rinehart

Reconocimientos

Este libro no podría haber sido escrito sin el estímulo y la ayuda de muchas personas. Las críticas y aportes de varios miembros del equipo de Los Navegantes, especialmente de Jack y Carolyn Hill, y de Mike y Judie Crouse, han sido muy valiosas. Agradecemos a los que han probado el material entre los estudiantes de la Universidad Estatal de Oklahoma. También queremos agradecer a Denise Bower por las horas que trabajó mecanografiando el manuscrito. Y finalmente, pero no menos importante, agradecemos a Jean Stephens por la cuidadosa tarea de editar el libro.

Cómo aprovechar este libro al máximo

Lo que nos dicen otros lo olvidamos fácilmente. Lo que descubrimos por nosotros mismos, no.

Estimulamos al lector a responder esta encuesta respecto al noviazgo, antes de leer el libro. En los capítulos sucesivos, expondremos nuestras convicciones, que pueden no ser las suyas. Las preguntas al final de cada capítulo le ayudarán a desarrollar sus propias convicciones a partir del contacto directo con las Escrituras.

Encuesta personal: Información sobre el noviazgo
1. ¿Cómo define el noviazgo?
2. ¿Cree que le está permitido a un cristiano mantener relaciones de noviazgo con un no cristiano? Fundamente su respuesta.
3. Enumere todos los pasajes bíblicos que conoce acerca de la castidad.
4. De las citas que corresponden a los dos pasajes más importantes de la Biblia sobre el matrimonio. Mencione

otros dos pasajes también importantes.
5. ¿Cuántas veces ha estudiado cada uno de estos pasajes? (Leer un pasaje no significa haberlo estudiado.)
6. ¿Ha estudiado la perspectiva bíblica sobre el rol de la esposa y el rol del esposo en el matrimonio?
7. ¿Tiene el cristiano la opción de casarse con un no cristiano? Mencione las citas que respaldan su respuesta.
8. ¿Cuáles son las cualidades que busca en su pareja? ¿En qué citas basa esta lista?
9. ¿Ha estudiado lo que dicen las Escrituras acerca de los solteros? ¿Cuáles son los pasajes claves?
10. Describa sus actitudes hacia el noviazgo, la soltería y el matrimonio.

1
Contra la corriente de nuestra cultura

Imagínese que usted está en un restaurante recién inaugurado, leyendo un atractivo menú con el estómago vacío. Después de pasar unos minutos revisando las diferentes opciones mencionadas en el menú, ordena el pedido: «Creo que probaré este pavo asado con salsa de castañas, por favor». Cuando le traen el plato, usted queda encantado con la hermosa presentación de la comida, y la ornamentación y los colores que la acompañan. «Vale la pena perder la dieta por una comida como ésta», explica.

Cuando va por la mitad del plato, empieza a pensar distinto. Las castañas se le quedan atascadas. El pavo parece entablar una lucha en su estómago. «Quizás mis ojos sean más grandes que mi estómago», expresa con cierta pena mientras hace el plato a un lado. Por dentro piensa que la próxima vez hará algunas preguntas y tomará una decisión más sabia cuando examine un menú desconocido.

Muchas personas pasan por angustias similares en relación con sus decisiones sobre el noviazgo y el matrimonio. Relaciones que parecían atractivas al comienzo pueden resultar desagradables al tiempo. La suave flecha de Cupido puede transformarse en un aguijón doloroso, y muchos que juran amarse para siempre pronto descubren que se reprochan por haberlo jurado. De hecho, las estadísticas advierten que tenemos sólo un cincuenta por ciento de probabilidades de tener un matrimonio feliz y duradero. Como lo expresaba un consejero: «Hay muchas personas que viven el cielo en la tierra y lo llaman matrimonio, y muchos otros que viven el infierno en la tierra y lo llaman matrimonio. Nos regocija que alguien haya descubierto una pareja con la cual ha construido una relación estable, basada en principios divinos y con el poder de Dios: eso sólo se puede describir como vivir el cielo en la tierra. Pero nos duele ver personas que por distintos factores están viviendo cotidianamente el infierno en la tierra».(1) Qué consuelo pensar que en Cristo no tenemos que ser necesariamente un caso de «estadística».

Cualquiera que esté familiarizado con las estadísticas actuales de divorcio estará de acuerdo con nosotros, en que nuestra cultura hace muy poco por preparar a la gente para establecer matrimonios duraderos y satisfactorios. ¿Podría ser que el problema radicara en la modalidad de relaciones que se establece durante el noviazgo, antes de los votos matrimoniales? Creemos que sí.

Stacy y yo hemos observado que si bien la mayoría de los cristianos solteros desean experimentar eso tan especial que da el formar un hogar cristiano, no son conscientes de las presiones seculares que debilitan enormemente ese anhelo. Con frecuencia, antes de que hayan desarrollado un adecuado discernimiento espiritual, sus naves han sido arrastradas por los fuertes vientos de la cultura circundante.

Las costumbres del noviazgo, tal como las conocemos, son relativamente nuevas. No hay nada similar en las Escrituras. (¡Los únicos «casamenteros» entre los hebreos eran los padres de los candidatos al matrimonio!)

Lo que sí encontramos en las Escrituras son principios relativos a esas relaciones, que son claros, transculturales y atemporales. Por ejemplo, la Biblia enseña: «Amados, yo os ruego como a extranjeros y peregrinos, que os abstengáis de los deseos carnales que batallan contra el alma...» (1 P 2.11). Hace muchos siglos, en Corinto, la aplicación de ese texto pudo haber sido «No te acerques a las prostitutas del templo». En nuestra cultura actual podría significar: «Verifica la recomendación de una película antes de decidirte a verla».

Sin embargo, mientras la Biblia nos expresa silenciosamente estos principios eternos, la cultura grita a viva voz su mensaje en tonos que es difícil ignorar. Somos modelados por un mensaje que ni siquiera somos conscientes de estar escuchando. ¿Cómo puede ser esto? Dicho en términos simples, nuestra cultura es nuestro trasfondo. Todo parece correcto, normal, porque estas influencias han llegado a ser parte de nosotros. Nuestro trasfondo cultural imprime en nosotros un «giro» difícil de evitar a medida que vamos adquiriendo un enfoque de la vida.

Mi experiencia

Yo he vivido los dos tipos de relaciones: la que es típica de la mentalidad de nuestra generación, en cuanto al noviazgo, y la que se asienta en el sólido cimiento de los principios divinos. Hay muy poco en común y mucho contraste entre ambos estilos.

Mi primer amor fue un chico llamado Sam, y para él, su primer amor había sido el baloncesto. Sam había sido cristiano desde chico, pero su hambre de Dios nunca había llegado a ser mayor que su entusiasmo por encestar la pelota en el aro. Sin embargo, fue durante ese noviazgo que él y su familia me llevaron a la conversión. Pero más allá de eso, sólo había dos cosas acertadas en nuestra relación: ambos éramos cristianos, y él era un muchacho y yo era una chica.

Asistíamos regularmente a la iglesia, por supuesto, y a

veces hasta analizábamos los sermones. Pero nuestra relación estaba basada en la piedra angular de la atracción física, y cada uno era una tabla de seguridad para el otro. Transcurrimos cinco años con el clásico sube y baja de los celos y el egoísmo. Si no hubiéramos estado tan condicionados por nuestras emociones, hubiéramos roto mucho antes. Como se dieron las cosas, nuestra ruptura tardía se pareció mucho a un divorcio en miniatura.

Ambos sabíamos perfectamente que nuestra relación no era lo que debía ser. Nos sentíamos miserables juntos, e igualmente miserables separados. Cuando me bajé del auto y cerré definitivamente la puerta a esa relación, fue como concluir un capítulo de mi vida. Había conocido a Sam durante tanto tiempo que la idea de enfrentar la realidad sin tener nada que ver con él era como adaptarme a un divorcio, o a su muerte.

Me obligué a mí misma a no concentrarme en Sam y a enfocar toda mi dependencia en el Señor. Y entonces Dios entró al vacío de mi vida y empezó a satisfacer las necesidades por las que infructuosamente había dependido de Sam. ¡Y descubrí todo lo que me había estado perdiendo! Para cuando Dios trajo a Stacy a mi vida, había aprendido algo de lo que significa depender solamente del Señor y disfrutar de su provisión.

Yo no estaba buscando una nueva relación, pero, ¿qué haría usted si compartiera todos los días un viaje de cuarenta minutos con un muchacho? Trataría de llevar una conversación normal, seguramente. Sin embargo, después de dos semanas de intentarlo, llegué a la conclusión de que yo debía ser muy aburrida, o Stacy era un extraterrestre.

Pero un día mencioné el juego de tenis, y empezó a hablar sin parar. Yo estaba tan maravillada que cuando él empezó a hacer preguntas acerca de qué tipo de raqueta de tenis usaba, y qué ubicación en la cancha prefería, inventé todas las respuestas: ¡en mi vida había visto una raqueta de tenis! Apenas me bajé quedé petrificada al advertir que había mentido, y que al día siguiente me vería enfrentada a la humilde verdad. De alguna forma, sin embargo, esa confesión rompió el hielo, y pasamos un verano delicioso conociéndonos mutuamente durante ese viaje cotidiano.

Desde ese momento, pasamos horas conversando personalmente, y luego a la distancia por medio de grabaciones. Como en nuestra relación no hubo contacto físico (pero sí atracción física), realmente llegamos a conocer nuestras metas, sueños y trasfondos. De hecho, yo sentía que conocía a Stacy mejor de lo que nunca antes había conocido a un muchacho, cristiano o no, porque conocía mucho más de su personalidad total. La emoción que me embargaba entonces era el *respeto*, que eventualmente se tornó en genuino amor.

El mundo conoce poco de esa clase de amor, ese amor que expresa: «Te conozco plenamente, conozco tus cualidades y tus defectos, y te acepto como eres». Cuando nos casamos, un año más tarde, ambos estábamos convencidos de que Dios nos había unido y de que nuestra relación era «obra del Señor, maravillosa a nuestros ojos». En nuestros anillos de boda grabamos el versículo de 1 Jn 4.19: «Nosotros le amamos a él, porque él nos amó primero».

Es triste decir que mi relación con Sam representa el noviazgo típico de muchas personas. No necesita ser el caso de los cristianos. Pero la cultura ejerce tal presión sobre nuestra vida que fácilmente nos produce un lavado cerebral que nos lleva a seguir los modelos que encontramos alrededor nuestro.

Como las demás naciones

A medida que maduramos en la vida cristiana, empezamos a reevaluar con objetividad el caleidoscopio de influencias que representa nuestro trasfondo. Nuestro enfoque acerca del noviazgo es crucial en ese sentido. Nuestra cultura ejerce tal presión sobre nuestra vida que fácilmente nos produce un lavado cerebral que nos lleva a seguir los modelos que encontramos alrededor nuestro, para terminar del otro lado del altar, con un matrimonio insulso. Dios nos advierte: «No aprendáis el camino de las naciones... Porque las costumbres de los pueblos son vanidad...» (Jer 10.2-3). ¿Y cuáles son algunas de esas costumbres?

Vivir el momento

A nuestra hija de tres años le cuesta aprender su apellido, Rinehart. Si le preguntan a Allison cómo se llama, es probable que diga: «¡Allison Right Now!» No es raro que ella piense que ése es su apellido, porque en su conversación infantil usa mucho el «Ahora mismo».[1]

Los adultos no somos diferentes, sólo que a esa exigencia la llamamos «gratificación inmediata», que es una frase que describe muy bien nuestra generación. Esta determinación por obtener de inmediato lo que deseamos es como encarar la vida con una mentalidad de máquina expendedora: simplemente pase revista a las posibilidades, decida qué es lo que quiere y obténgalo de inmediato.

Esta filosofía de vivir el presente la encontramos por todos lados. «Sólo se vive una vez». «Si le gusta, hágalo». «Si está con rabia, explote y se sentirá mejor». El apóstol Santiago dijo: «Codiciáis, y no tenéis; matáis y ardéis de envidia...» (Stg 4.2), mostrando cómo satisfacemos de inmediato nuestras pasiones, aunque para ello tengamos que sacrificar el bienestar de otro.

Juan y Patricia eran dos jóvenes cristianos que se conocían hacía muy poco tiempo, cuando se acercaron a nosotros para recibir orientación prematrimonial. Pronto se hizo obvio que eran emocional y espiritualmente inmaduros, y que su relación estaba basada en la atracción física. Era imprescindible que esperaran y se conocieran mejor.

Sin embargo, ya habían dado un mordisco a la manzana del «ahora mismo», y no pudimos disuadirlos de postergar la boda que habían fijado para esa semana. Después de casados descubrieron, una vez que se pasó la atracción física mutua,

---

Rinehart tiene un sonido similar a "Right Now", que significa "ahora mismo".

que se habían unido a alguien a quien no conocían. Cinco años difíciles de dificultades financieras, niños pequeños y terapia familiar, les han demostrado las consecuencias de vivir de acuerdo al placer del momento. Al acompañar y aconsejar a esta pareja, en algunas de las dificultades con que se han encontrado en estos años, a menudo hemos deseado el habernos opuesto más firmemente a su matrimonio.

Esta pareja es un claro ejemplo del porqué algunos pastores se niegan a casar personas que no hayan tenido una relación de noviazgo de por lo menos seis meses. La realidad es que toma tiempo conocer con profundidad a alguna persona. Si Juan y Patricia se hubiesen conocido durante más tiempo, sin la complicación del compromiso físico, hubieran podido evitar un matrimonio inadecuado.

La actitud de vivir el presente no sólo afecta las decisiones respecto al matrimonio sino que también determina el comportamiento de la pareja después que éste se ha concretado. Un aviso que lee: «Se alquilan anillos de casamiento», sugiere que el matrimonio ha llegado a ser un contrato que se mantiene «mientras dura el amor» y no un compromiso de fidelidad de por vida.

Una amiga se casó el mismo verano que nos casamos Stacy y yo, y recuerdo bien una increíble conversación que tuve con ella. Le pregunté qué pensaban Daniel y ella respecto a cuándo tener niños. «Y... bueno —respondió ella—, vamos a esperar a ver si la relación funciona. No nos gustaría tener hijos si tuviéramos que divorciarnos». La permanencia del matrimonio era para ella muy ambigua.

Para los cristianos esa mentalidad está fuera de lugar, porque las Escrituras nos enseñan que el matrimonio es símbolo de la unión de Cristo con su esposa, la iglesia (Ef 5.23). A pesar de la infidelidad de la iglesia, Cristo está comprometido con ella por toda la eternidad. Desde esa perspectiva, el divorcio no es una opción para dos creyentes; si está pensando en esa alternativa, quiere decir que no debiera estar pensando en casarse. En una cultura que vive el presente y que se casa temporalmente, ese concepto cristiano de un compromiso duradero contrasta radicalmente.

La Escritura usa un léxico bastante distinto al de nuestra generación y nuestra cultura. En la Biblia encontramos sinónimos de palabras tales como *disciplina, autocontrol, esperar, responsabilidad, compromiso*, por nombrar sólo algunas. Aunque a veces pareciera que Dios quiere desbaratar todo lo placentero, nada podría estar tan lejos de la verdad. «Yo sé los planes que tengo para ustedes, planes para su bienestar y no para su mal, a fin de darles un futuro lleno de esperanza» (Jer 29.11, VP).

Cuando yo acababa de conocer a Cristo, y estaba en pleno crecimiento en la fe, Dios empezó a señalarme hábitos en mi conducta durante el noviazgo que estaban obstaculizando mi crecimiento espiritual. La actitud que más me señalaba era la de festejar con chicos no creyentes. Pero yo me puse tapones en lo oídos, por la siguiente razón: escuchar a Dios en ese punto hubiera modificado todo mi estilo de vida. En ese momento conocía muy pocos cristianos, y los que yo conocía no solían salir mucho. El precio por no festejar con chicos no cristianos bien podría significar pasar muchas noches sola mientras mis amigas salían.

Sin embargo, poco a poco Dios captó mi atención hacia su Palabra. A medida que confiaba en él y comprobaba su fidelidad, encontré coraje para creer que si obedecía sus principios respecto al noviazgo, no quedaría defraudada. Me aferré a las palabras de 1 P 2.6: «El que creyere en él, no será avergonzado».

Advertí que si seguía el camino fácil, de disfrutar del momento y salir a menudo con chicos no cristianos, podía perder la relación valiosa que Dios quizás me preparaba para el futuro. Confié en que si creía y obedecía a Dios en este terreno, Dios no me defraudaría en el futuro matrimonio que me estuviera preparando.

Dios no enfatiza el *presente*. Usted, que es una creación única de Dios, está *transformándose* en aquello que él se propuso que usted llegara a ser, cuando pagó el precio en la cruz para liberarlo del poder del pecado. El es poderoso para traer la persona indicada a su vida, pero de acuerdo con el ritmo que él tiene, no con el suyo. Cuando se trata de noviazgo y matrimonio, los riesgos son demasiado grandes como para vivir para el presente.

Vivir para la sexualidad

Posiblemente lo que más ha influido sobre las costumbres del noviazgo es la revolución sexual de este siglo. Las librerías están llenas de manuales acerca de cómo mejorar las técnicas. Se supone que cualquier actividad está permitida a los enamorados. La experimentación sexual prematrimonial se aplaude como un medio de verificar compatibilidad y de adquirir destreza. La permisividad está a la orden del día. ¿Y qué nos deja? Chuck Swindoll cita un excelente artículo de Richard Cohen, originalmente aparecido en el *Washington Post*. El artículo se titulaba «Matrimonio abierto... matrimonio roto».

> Conocí varias parejas muy francas. Andaban en aventuras. No andaban furtivamente (aplausos), no mentían (aplausos), eran honestos (silbidos). Eran abiertos. Todos estaban de acuerdo en que era maravilloso. Los hombres lo aprobaban, las mujeres lo aprobaban, yo lo aprobaba, y todo nos hacía pensar. Entonces se separaron. Algo no funcionaba bien. Siempre había alguno que no lo podía soportar. No era algo racional. La mente entendía. Era el corazón que estaba roto.
>
> Todo esto hacía pensar. Hacía pensar que quizás todavía hay cosas que no sabemos acerca del hombre y la mujer, y que quizás, antes de darle una patada a la tradición, deberíamos saber muy bien lo que estamos haciendo. Tengo algunas ideas, y una de ellas es que la manera en que se mide el amor no es con palabras sino con acciones, con el compromiso, con lo que uno está dispuesto a sacrificar, con lo que uno no quiere compartir con nadie más.(2)

Si pudiéramos tomar todo lo que la cultura ofrece sobre el sexo, y lo pudiéramos poner de cabeza y darle vuelta de adentro para afuera, y descartar del todo algunos aspectos, recién podríamos empezar a aproximarnos a las instrucciones que Dios había dado inicialmente. De la misma forma que el manual del auto nos da las instrucciones respecto al uso y abuso del vehículo, también Dios nos ha dado directivas explícitas en cuanto al uso y abuso del sexo. Como Creador, él determinó que la expresión física del amor se diera en el contexto de la permanencia y el compromiso, marco que sólo puede ofrecer el matrimonio.

Es realmente irónico: el mismo Dios que creó el mundo por el poder de su palabra también planeó nuestras relaciones físicas, y sin embargo el mundo actúa como si Dios fuese una vieja remilgosa, lista para golpearnos en la muñeca por andar tomados de la mano. Dios declaró que todo lo que había creado «era bueno» (Gn 1.31). Dedicó uno de los libros de la Biblia, Cantar de los Cantares (Cánticos de Salomón), básicamente a describir las profundidades del placer físico que se puede encontrar en el amor conyugal.

El mundo tiene una comprensión estrecha y lamentablemente inadecuada de todo lo que Dios quiso que fuera el sexo. Sexo significa la unión de todo lo que usted es como persona, con todo el ser de otra persona, y refleja la total unidad que hay entre Cristo y su esposa, la iglesia. Y tal como dijo Richard Cohen, el sexo es especial precisamente porque se lo comparte con una sola persona.

Vivir con alguien que te ama

Una canción popular dice: «No eres nadie hasta que alguien te ama». Durante gran parte de nuestro años adolescentes y aún más, sutilmente se nos induce a pensar que sólo cuando encontramos esa persona especial nuestras vidas cobran verdadero significado. Nuestra personalidad va a florecer, y nuestras imperfecciones van a esfumarse.

Muchas personas se despiertan, una vez casados, a la realidad de que lo que antes parecía todo rosas y luz de luna, ahora resulta platos sucios y rutina diaria. Son las mismas personas, con los mismos temores, con los mismos viejos hábitos e inseguridades que tenían antes de casarse. ¡Y ambos están casados con alguien que les remarcará esas debilidades!

Encontrar esa persona especial no significa una respuesta a todas las necesidades de una persona.

Sin embargo, sí hay algo de verdad en la afirmación de que la felicidad consiste en tener alguien que te ame. ¡Sólo que el mundo se equivoca respecto a quién debe ser esa persona! No hay relación humana alguna que pueda llenar ese vacío en el ser humano, que sólo Dios puede llenar. Como dijo San Agustín: «Fuimos hechos para Dios y nuestros corazones no descansan hasta que encuentran su descanso en ti». David nos recuerda que «en tu presencia hay plenitud de gozo; delicias a tu diestra para siempre» (Sal 16.11).

A pesar de tener esta correcta relación con Dios, ¿ha sentido alguna vez pánico de que nadie se interese en forma especial por usted, o de que nadie despierte ese interés en usted? Eso puede producir a veces una enorme sensación de soledad. En ese momento crítico, nuestra cultura puede engañarlo para que se sumerja en una silenciosa pero desesperada búsqueda de ese alguien especial. Hasta puede empezar a sentirse enojado con Dios, y de alguna manera defraudado porque no entiende ni satisface su necesidad, olvidando que sólo él puede satisfacer ese inconmensurable anhelo de su corazón.

Hasta que no reconocemos que hemos sido creados primordial y esencialmente para Dios, y que en Cristo hemos sido hechos completos (Col 2.10), caemos fácilmente en la trampa del mundo, de buscar nuestra plenitud en la relación con otra persona. Una relación construida sobre esa base nos desilusiona cuando vemos que esa persona nos falla. Todos somos pecadores, redimidos o no. Debemos llegar a una relación adecuada con Dios (la dimensión vertical) para que nuestras relaciones con otras personas (dimensión horizontal) adquieran su verdadero sentido.

El mundo nos empuja en una fútil búsqueda por encontrar nuestra realización en el vínculo con otra persona, pero como eso no puede encontrarse, la mayoría de las personas siguen sin realizarse plenamente. Esa falta de plenitud hace que en una relación siempre estén tratando de *pedir* algo. Inconscientemente plantean a la otra persona el interrogante: ¿Cómo puedes satisfacer mis necesidades? Como escribió el autor de los Proverbios: «Hay camino que al hombre le parece derecho; pero su fin es camino de muerte» (Pr 14.12). En cambio el cristiano que está verdaderamente completo en Cristo puede *dar*, porque sus necesidades básicas ya han sido satisfechas por su relación con Dios. En su amor, y a su tiempo, Dios une dos personas que buscan en él su plenitud. Y dos personas que anhelan dar más que recibir, son la base de un matrimonio con mayúsculas.

A la luz del amor sacrificado de Dios por sus hijos, debe producirle a la vez dolor e ira cuando idolatramos las relaciones humanas. Cada vez que permitimos que un ser humano sea el centro de nuestros pensamientos y la meta de nuestra existencia, estamos encaminados al desastre. Elaine Stedman dice en un poema: «Sólo él merece ser nuestro primer amor».

La opción es suya

No se puede sencillamente ir a los tumbos aceptando lo que parece natural y atractivo en el momento, sin que tarde o temprano tengamos que asumir las consecuencias. «Alégrate, joven, en tu juventud, y tome placer tu corazón en los días de tu adolescencia; y anda en los caminos de tu corazón y en la vista de tus ojos; pero sabe, que sobre todas estas cosas te juzgará Dios» (Ec 11.9).

Cuando tomamos en cuenta la poderosa influencia que ejerce nuestra cultura durante los años en que más impacto recibimos —presionándonos a vivir el momento, a satisfacer los sentidos, a vivir para nosotros mismos—, es sorprendente que podamos salir ilesos. Es claro que nuestra única esperanza es la renovación permanente de nuestra mente (Ro 12.2), y esta metamorfosis se produce si estamos constantemente empapándonos de la Palabra.

No cabe duda de que es una lucha tomar las decisiones correctas respecto al noviazgo, porque las presiones son enormes. El arma más poderosa de Dios para asegurarnos la victoria es su Palabra. Cuanto más viva sea la Escritura en usted, tanto más cambiará su manera de pensar, y su conducta se adaptará a ella.

Cuando Stacy y yo recién nos habíamos casado, tuve varias veces el mismo sueño. Yo flotaba por la niebla en el pasillo central de la iglesia, y me iba a casar con un hombre, cuyo rostro a veces no podía distinguir y a veces era el de un novio que había tenido antes. Vez tras vez tenía una sensación de descompostura en el estómago que me indicaba que estaba cometiendo un error. Cuando llegaba al altar, me despertaba transpirando frío, y entonces recobraba el alivio al advertir que la persona junto a mí era Stacy y que yo no me había equivocado. Allí acostada, alababa largo rato a Dios por haberme salvado de cometer ese error.

Sólo después de haberme casado pude apreciar plenamente el valor de mis elecciones previas. A veces eran sólo opciones pequeñas; pero a menudo eran muy dolorosas. Pero fueran fáciles o difíciles, esas opciones realmente determinaron el curso futuro de mi vida.

Una vana ilusión de los jóvenes es: «Tengo toda la vida por delante. Lo que decida ahora no hará gran diferencia». Sin embargo, en el registro de muy breves pero cruciales años, se toman decisiones que abren o cierran puertas para toda la vida. De pronto ya es demasiado tarde para cultivar amistades sólidas con el otro sexo, para cultivar la templanza sexual, para estudiar más y bailar menos. La vida ya avanzó.

Ir contra nuestra cultura requiere la decisión de rechazar un estilo de vida sensual y egoísta. Las elecciones que esto implica no siempre son simples y casi siempre requieren voluntad firme. Cada vez que entregue al señorío de Cristo un área de su vida que antes estaba sometida a la influencia del mundo, encontrará resistencia. En su libro *Fuera del Salero*, Rebecca Pippert escribe: «El cristianismo no es un narcótico que nos nubla la visión para que obedezcamos. Nos compromete en una lucha: es atroz renunciar al control... El cielo no va a estar lleno de gente inocente que ande diciendo:

"¿De modo que había otra alternativa? Fíjese que nunca me di cuenta"».(3)

Moisés dijo unas palabras muy apropiadas que se aplican a estas opciones que se nos plantean en esta etapa de la vida: «He aquí yo pongo hoy delante de vosotros la bendición y la maldición: la bendición, si oyereis los mandamientos de Jehová vuestro Dios, que yo os prescribo hoy, y la maldición, si no oyereis los mandamientos de Jehová vuestro Dios, y os apartareis del camino que yo os ordeno hoy, para ir en pos de dioses ajenos que no habéis conocido» (Dt 11.26-28).

Dios en su soberanía nos ha dejado la orientación de su Palabra y la ayuda del Espíritu Santo. Pero en última instancia usted es libre; la opción es suya.

Guía de estudio y aplicación — tarea individual

1. Enumere las fuentes de mayor influencia sobre sus normas en el noviazgo.
2. Describa una relación de noviazgo que haya vivido. ¿De qué manera estuvo influenciado por la cultura? ¿Cómo influyeron las Escrituras?
3. Lea Génesis 25.29-34.
    a. ¿En qué sentido Esaú vivió el momento, y cuáles fueron las consecuencias?
    b. ¿En qué sentidos ve reflejadas las actitudes de Esaú en su propia manera de tomar decisiones?
4. Lea 2 Samuel 11.1-12:15.
    a. ¿Cómo satisfizo David sus necesidades sensuales?
    b. ¿Cuáles fueron las consecuencias de su pecado?
5. ¿Ha estado usted viviendo para satisfacer los sentidos en alguna manera? ¿Qué hará para modificar esta situación?
6. Lea Génesis 39.
    a. ¿Cuáles son las cualidades personales de José que le evitaron aprovechar la oportunidad de pecar con la esposa de Potifar?
    b. ¿Qué principios de la vida de José podemos aplicar al noviazgo?
7. Defina la idolatría con sus propias palabras. De acuerdo con la Palabra de Dios en 1 Corintios 5.11 y 10.14, y en Efesios 5.5, ¿cuál es su punto de vista sobre la idolatría en nuestra vida?
8. Lea Romanos 12.1-1.
    a. ¿Qué significa «presentar nuestros cuerpos en sacrificio vivo, santo, agradable a Dios»?
    b. ¿Se ha presentado alguna vez a Dios como sacrificio vivo? ¿Qué tiene que ver con su estilo de noviazgo?

9. Anote una o dos aplicaciones importantes de este estudio a su vida personal.

Memorizar: Romanos 12.1.

Proyecto especial: Pregúntele a dos o tres amigos cristianos si han consagrado su noviazgo a Dios. Si es así, ¿qué diferencia encuentran?

Preguntas para trabajar en grupo

Cada conjunto de preguntas para tratar en grupo corresponde a la pregunta respectiva de la sección anterior. Observe que no hay preguntas para los ejercicios 5 y 9; quizás quieran formular las suyas propias.

Pregunta 1: ¿A qué razones atribuye la elevada tasa de divorcios en nuestra sociedad? ¿En qué manera cree que ese índice está afectado por las prácticas de noviazgo de nuestra época?

Pregunta 2: Los autores sostienen que nuestra cultura determina el concepto que tenemos del noviazgo. ¿Está de acuerdo? ¿Por qué?

Pregunta 3: Si hubiese estado presente durante este encuentro entre Jacob y Esaú, ¿qué hubiera estimulado a Esaú a hacer, y por qué?

Pregunta 4: Si usted fuese consejero del rey David, ¿qué le hubiera aconsejado la primera vez que vio a Betsabé?

Pregunta 6: Revise la sección «Vivir el presente». ¿En qué aspectos vive usted esta tentación? ¿De qué manera afecta su vida esta filosofía?

Lea Santiago 4.1-4. ¿Cuáles son las consecuencias de vivir para los deseos y las pasiones, enumeradas en los vv. 1 y 2? Una vida centrada en el placer es una vida mundana. ¿Cuáles son las consecuencias de la amistad con el mundo?

Pregunta 7: ¿En qué sentido un noviazgo se puede transformar en idolatría? ¿Cómo puede darse cuenta si le está pasando eso?

Pregunta 8: Si una persona se ha consagrado como sacrificio vivo, ¿qué diferencias va a haber en su estilo de noviazgo?

2
Principios eternos

Aunque usted nunca llegue a casarse, salir con alguien es un proceso de socialización que puede contribuir significativamente a su integración personal. No debe considerarse únicamente como un método para encontrar pareja. Sin embargo, en la mayoría de los casos, los hábitos y actitudes que se cultivan, y las opciones tomadas durante esa etapa de la vida, tienen una influencia directa sobre la calidad y el éxito de su relación en caso de casarse. De hecho, muchas de las experiencias de noviazgo son una preparación útil y necesaria para el matrimonio.

También es cierto que el concepto que tenga de lo que es y debe ser el matrimonio, ayuda a determinar el curso de sus decisiones durante el noviazgo. A menudo la motivación para modificar hábitos de noviazgo surge de una perspectiva más clara de lo que Dios ha dispuesto que sea el matrimonio, con todo su potencial, y con toda la importancia que Dios le asigna.

Verdades eternas pronunciadas durante una boda realizada en el Jardín

Si alguien quiere conocer el nivel de evolución en cualquier campo del mercado —de computadoras, de cámaras fotográficas, de hornos microondas—, lo que hace es buscar el modelo más reciente. En el campo de la tecnología humana, el modelo más reciente es el mejor.

Dios no utiliza esa técnica. Sus proyectos originales, no importa el que sea —se trate de una margarita, un bebé, o un copo de nieve—, son absolutamente perfectos. Antes de que existieran parlamentos y congresos, comercio, concentraciones, libros, música, arte o teología sistemática, Dios modeló una mujer del costado de Adán, se la presentó, y declaró públicamente su enorme satisfacción de haber unido una pareja.

Vayamos juntos a Génesis 2.18-23, para considerar el comienzo de la más especial de todas las relaciones humanas: la relación entre hombre y mujer.

> Y dijo Jehová Dios: No es bueno que el hombre esté solo; le haré ayuda idónea para él. Jehová Dios formó, pues, de la tierra toda bestia del campo, y toda ave de los cielos, y las trajo a Adán para que viese cómo las había de llamar; y todo lo que Adán llamó a los animales vivientes, ese es su nombre. Y puso Adán nombre a toda bestia y ave de los cielos y a todo ganado del campo; mas para Adán no se halló ayuda idónea para él. Entonces Jehová Dios hizo caer sueño profundo sobre Adán, y mientras éste dormía, tomó una de sus costillas, y cerró la carne en su lugar. Y de la costilla que Jehová Dios tomó del hombre, hizo una mujer, y la trajo al hombre. Dijo entonces Adán: Esto es ahora hueso de mis huesos y carne de mi carne; ésta será llamada Varona, porque del varón fue tomada.

Lo primero

Adán se encontró primero con su *Señor*; la relación con su Creador estaba firmemente establecida. Luego Dios le dio una *misión* en la vida, que era la de atender el huerto. Sólo entonces Dios le presentó una *pareja* a Adán. Muchas personas han revertido ese orden y han experimentado lamentables consecuencias no deseadas. Conocer a Dios y saber algo acerca de *qué* se propone uno lograr en la vida es tan importante como saber *con quién* quiere hacerlo.

La provisión de Dios para las necesidades de Adán

En este, el primero de muchos matrimonios, Dios asumió toda la responsabilidad de proveer la pareja adecuada. Adán sólo tenía que cooperar con el plan de Dios, de modo que lo vemos dormido. Ahora, como en aquella ocasión, la persona que desea un «matrimonio creado en el cielo» espera el momento que Dios determine, y se ocupa mientras tanto de la voluntad de Dios para el presente.

En este caso, la respuesta de Dios a la existencia solitaria del hombre fue proveerle una mujer, o como dice el texto «una ayuda idónea». (El matrimonio no siempre es la respuesta de Dios a la soledad.) Puesto que el término «ayuda» muchas veces se usa en las Escrituras para aludir a Dios, no es un término degradante. «Trasmite la idea de alguien que "asiste a otro para que alcance su plenitud"», dice Chuck Swindoll. «Es una hermosa imagen del rol digno y necesario que iba a cumplir alguien creado por Dios y presentado al hombre».(1)

Adán cambió una costilla por una esposa. ¿No le parece un cambio ventajoso? Por cierto no vemos ningún sentimiento de pesar de parte de Adán cuando exclamó: «¡Esta sí...!» (VP). Adán se dio cuenta de que esta mujer era exactamente lo que necesitaba. La creación perfecta de Eva no sólo revela la bondad de Dios, sino su profundo conocimiento de la persona de Adán.

Cuatro principios

Génesis 2.24-25 no sólo es un comentario de Dios sobre la unión entre Adán y Eva, sino que provee verdades básicas para cualquier matrimonio. En su libro *Strike the Original Match* «Aviva la chispa original», Chuck Swindoll sugiere que de estos versículos se derivan cuatro principios inviolables para el matrimonio.(2)

...el hombre dejará a su padre
   y a su madre: .... INDEPENDENCIA
...y se unirá a su mujer: .... PERMANENCIA
...y llegarán a ser una sola carne: .... UNIDAD
...y estaban ambos desnudos, Adán y su mujer,
   y no se avergonzaban: .... INTIMIDAD

Dios no ofrece estilos de vida alternativos en el tema del matrimonio. Su intención al unir un hombre y una mujer es que constituyan una nueva familia, que no sea una extensión del mismo parentesco familiar. Deben estar ligados espiritualmente, psicológicamente, emocionalmente y físicamente de por vida.

Quizás podríamos hacer un paralelo entre estos principios y nuestro acercamiento a Cristo. Cuando llegamos a ser sus hijos por fe en su obra consumada en la cruz, rompemos nuestros lazos con el mundo y nos unimos a él. Creceremos en esa unidad e intimidad espiritual por el resto de nuestra vida, hasta que finalmente cenemos con él en las bodas del Cordero (ver Ap 19.7-9).

El sello de aprobación de Dios

«Honroso sea en todos el matrimonio» (He 13.4). Esas fueron las instrucciones que Dios dio por medio del apóstol Pablo. El matrimonio no es un estado superior al de la soltería; en cualquiera de estos estados, servimos *primero* a Dios y confiamos que él va a proveer a nuestras necesidades. Pero, como lo dice la Escritura, el matrimonio es una relación especial: la primera institución establecida por Dios fue el matrimonio; el primer milagro de Cristo lo hizo en una boda; el Nuevo Testamento contiene muchas instrucciones respecto al matrimonio; y en la eternidad celebraremos las Bodas del Cordero.

El matrimonio en Cristo es un privilegio negado a los ángeles y otorgado sólo a hombres y mujeres. Pedro usa una hermosa frase para describirlo: «...coherederas de la gracia de la vida...» (1 P 3.7). Dios toma tan en serio la relación, que en el mismo versículo advierte a los maridos que el trato insensible a sus esposas puede perturbar la efectividad de sus oraciones. De la misma forma, a las esposas se les recuerda que vivir en desacuerdo con sus esposos y rechazar su liderazgo es deshonrar la palabra de Dios (Tit 2.5). El propósito de Dios es que cuando otros observen un hogar cristiano, ese matrimonio sea un innegable ejemplo de una fe que funciona.

El matrimonio es la primera relación sagrada establecida por Dios. Nuestro concepto de la santidad es de algo puesto en un altar, separado e intocable. En cambio Dios toma verdades eternas, para las que reservamos la palabra *santo*, y las coloca en las relaciones cotidianas de los suyos. La unión estable de un hombre y una mujer es *santa* porque simboliza el inquebrantable amor de Cristo por su esposa, la iglesia. Tratar de forzar esta relación es intervenir con uno de los primeros propósitos de Dios.

Dios es el principio y el fin de la relación, y es quien la mantiene unida. Su amor es el ancla que sostiene un matrimonio en medio de las tormentas de la vida.

No importa a qué precio

Dios está mucho más interesado que usted en la pareja de su vida. ¿Por qué entonces tantos cristianos se resisten tanto a entregar a Cristo el señorío de su vida en lo que concierne al noviazgo y el matrimonio?

Creemos que Satanás saca grandes créditos en esta guerra en el tierno terreno del corazón. Su estrategia es lograr la falta de coherencia, y procura evitar a toda costa los matrimonios santos.

Una mujer se acercó a Billy Graham años después de que ambos habían asistido a una conferencia. Ella le preguntó:

«¿Recuerdas la noche en que habló un misionero? Consagré mi vida para ir a la China, pero me casé con un hombre que tenía otra perspectiva. Nunca fui a ninguna parte y la vida ha sido un infierno en la tierra». No fue el temor de las condiciones difíciles que hubiera tenido que soportar lo que diluyó su compromiso, sino la elección equivocada de pareja.

George Sweeting, presidente del Instituto Bíblico Moody, habla de una manera sumamente interesante cuando estudia el linaje de su familia y el de su esposa, hasta tres o cuatro generaciones anteriores, todos cristianos consagrados. No muchos podemos declarar semejante herencia espiritual. Sin embargo, podemos ser el comienzo de muchas generaciones venideras, entregando a nuestros hijos y a los hijos de nuestros hijos la antorcha de la verdad que nos ha sido confiada. La elección que haga para su matrimonio no sólo influye el resto de su vida sino las generaciones que vendrán. El Señor desea que su unión produzca una semilla santa.

Una pareja mayor que ya había vivido un cuarto de siglo unidos en el Señor, me dijo en cierta ocasión: «Hemos descubierto que cuando una pareja se presenta a Dios unida en espíritu y oración, Dios no les va a negar nada que sea su voluntad. Parece ser algo que mueve su poder de una manera muy especial».

Estar casado con un hombre o una mujer que aman al Señor y desean servirle es uno de los más hermosos privilegios en la vida. Vale la pena cualquier costo, cualquier espera.

Guía de estudio y aplicación — tarea individual

1. ¿Cómo definiría el matrimonio?
2. Lea Génesis 2.18-25.
   a. ¿Por qué Dios creó a la mujer?
   b. Según este pasaje, ¿cómo debe ser la relación matrimonial?
3. Lea Efesios 5.22-23.
   a. ¿Cuál es la responsabilidad de la esposa hacia el esposo?
   b. ¿Qué significa que la esposa esté sujeta a su esposo?
   c. ¿Por qué debe sujetarse la esposa al esposo?
   d. ¿Cuáles son las responsabilidades del esposo hacia la esposa?
   e. ¿Qué significa en nuestros días «que el marido ame a la esposa»?
   f. ¿Por qué debe el esposo amar a la esposa?
4. ¿De qué cosas quiere estar seguro respecto a su matrimonio, si el Señor le da ese regalo?
5. ¿De qué cosas quiere estar seguro respecto a su futura pareja? Entregue esos aspectos al Señor en oración.
6. ¿Cuáles de sus necesidades podrían ser satisfechas por su cónyuge? ¿Qué necesidades podría usted satisfacer en su pareja?
7. ¿A qué se compromete respecto al noviazgo y al matrimonio como resultado de este estudio?
8. Escriba cualquier interrogante que le quede sin respuesta respecto a la relación matrimonial.

Para memorizar: Efesios 5.33

Proyecto especial: Pregunte a dos o tres amigos cristianos cuáles son los elementos que ellos consideran hacen un buen matrimonio.

Preguntas para trabajar en grupo

Pregunta 1: ¿Cuáles son las principales influencias que determinan su concepto sobre el matrimonio?

Pregunta 2: ¿Por qué se opone tanto nuestra cultura al propósito divino del matrimonio? ¿Cómo podría parafrasear los vv. 24 y 25?

Pregunta 3: ¿Cómo describiría la relación ideal (bíblica) de una pareja con sus respectivos padres?

Lea Efesios 5.18-21. ¿Cuál es el contexto que se plantea allí para los vv. 22 a 33? ¿Cuáles son las características de una vida llena del Espíritu?

Pregunta 7: ¿Qué nuevas ideas respecto al matrimonio obtiene de los pasajes en Génesis 2 y Efesios 5?

3
Relaciones saludables

Dentro del enfoque de este libro, quisiéramos definir lo que es una «cita» como el encuentro entre personas de sexo opuesto. Es una definición muy amplia, pero a veces pensamos que una cita sólo tiene ver con arreglarse, ir a algún sitio especial y gastar mucho dinero. ¡Se puede tener una cita para jugar al tenis!

Observe que no limitamos la definición al hecho de que un muchacho salga con una chica. Salir en grupo tiene muchas ventajas. Desaparece la responsabilidad exclusiva de entretener a una chica, y con ello desaparece en buena medida la tensión de ser evaluados. En una situación grupal, es posible llegar a conocer a una persona y discernir su compromiso con el Señor sin entrar en una relación estrecha y comprometida. Algunas personas proponen salir en grupos impares de tres, cinco o siete, porque eso reduce las posibilidades de formar parejas, y disminuye la tentación del compromiso físico. En síntesis, salir en grupo puede proveerle un tesoro de relaciones y muchas salidas de pura diversión.

Cuando una persona está pasando por la transición de un estilo de vida mundano, y de las relaciones sensuales, a un marco de referencia de consagración, salir en grupo puede ser la mejor manera de satisfacer sus necesidades sociales. Es el momento apropiado de escapar del clásico estilo de las citas, y darle a Dios la oportunidad de revolucionar la perspectiva de esa persona respecto a las relaciones entre chicos y chicas. Una vez que ya ha elaborado nuevas convicciones a partir del estudio de la palabra de Dios, puede retomar las salidas «uno a uno».

Debiera haber algunas diferencias bien marcadas respecto a su enfoque de este tema, que un no creyente pudiera atribuir solamente a la realidad de Cristo en usted. El mundo debe juzgar nuestro cristianismo por el amor demostrado entre nosotros, incluyendo nuestro estilo de noviazgo. «En esto conocerán todos que son mis discípulos, si tuviereis amor los unos con los otros» (Jn 13.35).

Cuando un chico y una chica salen, el amor se manifiesta en la carencia de egoísmo y a través de una amistad realmente bíblica. Esto incluye amor exento de pasión, franqueza sin crueldad, transparencia carente de desconsideración, y una conversación relajada que no se centra en uno mismo. Cuando estas características son evidentes, las relaciones saludables resultan un ejemplo vivo del cristianismo para el mundo que las observa.

¿Qué se ve en una relación saludable entre un chico y una chica? Hace poco nos sentamos con una amiga en un café y comenzamos a recordar algunos eventos que tenían que ver con este tema. «Poco después de conocer a Cristo, no hubiera sabido reconocer una relación sana aunque hubiese chocado de frente con ella», dijo mi amiga con sinceridad poco común. La mayoría de nosotros podría identificarse con sus palabras, porque hemos sido tan contaminados por la falsedad del mundo que no podemos reconocer el proyecto de Dios.

La piedra angular

Salidas exclusivas entre un muchacho y una chica son apropiadas para personas que tengan la misma perspectiva: no sólo que sean cristianos, sino que sean cristianos que hayan consagrado su vida a Dios. La Biblia es la fuente para determinar la verdad en cada área de nuestra vida, incluyendo citas, noviazgo y matrimonio. Sin embargo, como las citas son un fenómeno del siglo XX, en las Escrituras sólo podemos encontrar las pautas básicas de nuestro comportamiento. Por ejemplo, sabemos sin lugar a dudas que Dios reservó el sexo para el matrimonio (He 13.4) y que nuestras relaciones deben estar centradas en los demás (Fil 2.3).

Pero dentro de esos límites, hay amplitud para el debate. Hay casi tantas opiniones respecto a cómo deben encarar los cristianos este tema, como conferencistas para tratarlo. Las opiniones van desde prohibir las citas, hasta una especie de libre comercio a favor de conseguir una pareja.

El que rechaza las citas profesa el concepto equivocado de que un día abrirá la Biblia, su vista caerá sobre un versículo, ¡y se sentirá guiado a proponerle matrimonio por carta a una joven con la que estuvo tomando café en un encuentro tres años atrás! Dios puede obrar de esa forma en su vida si lo desea, pero no es ciertamente la forma habitual.

En el otro extremo del espectro, está el muchacho que el viernes invita a Sarita a jugar a los bolos, el sábado lleva a Brenda a pasar un día de campo, y el domingo va con Carolina a la iglesia. Probablemente sólo las invita porque está buscando casarse, y cuanto más rápido mejor.

¿Nos permite presentarles algunos principios que orientan una perspectiva sana y equilibrada de la relación con el sexo opuesto, que no caen en un extremo ni en el otro?

Razones importantes por las cuales salir

Lo que es socialmente correcto en cierto momento de la

vida puede no serlo en otro. Sin embargo, las relaciones saludables con el sexo opuesto pueden satisfacer importantes propósitos de su vida.

Socialización

¿Recuerda su primera cita? Para la mayoría de nosotros fue un evento marcado por manos sudorosas, un estómago tenso y momentos incómodos de silencio.

Son pocos los que superan esos síntomas angustiantes de un día para otro, pero poco a poco van disminuyendo. James Curran, profesor asociado de psiquiatría en la *Brown University*, informa que la principal razón que motivaba consultas de los alumnos era la ansiedad respecto a las citas. Era característico que tuvieran «una percepción poco realista de lo que debe ocurrir en una cita, y por lo tanto nunca alcanzaban sus expectativas».(1) A veces puede parecer un obstáculo insalvable el planear una cita, saber qué decir y hacer, cómo iniciar y mantener una conversación.

No hace mucho tuvimos oportunidad de estudiar la dinámica social de una situación un tanto absurda. Algunos graduados de una institución militar nos invitaron a cenar a nosotros y a algunas de las chicas de nuestro ministerio en la universidad. Estos chicos estaban tan desacostumbrados a la situación que la mayor parte de la conversación de esa noche consistió en un flujo ininterrumpido de viejas bromas militares. Las chicas escuchaban educadamente, pero se notaba que no era la conversación más estimulante que hubieran mantenido esa semana. Cuando lo analizamos más tarde, catalogamos la experiencia como una elocuente ilustración de inmadurez social.

Una persona puede ser coherente en su andar con Dios, puede ser culta, jugar medianamente bien al tenis, y sin embargo estar socialmente inválido. La incompetencia social está generalmente enraizada en un suelo de escasa autoconfianza y de falta de comprensión de las diferencias entre muchachos y chicas. Esta desubicación se puede superar con tiempo y experiencia.

En el transcurso de los años, Jesucristo «creció en sabiduría, estatura, y en gracia para con Dios y los hombres» (Lc 2.52). Aprender a relacionarse socialmente con personas del otro sexo consiste básicamente en adquirir «don de gente». Significa sentirse cómodo con uno mismo como para hacer que el otro se sienta cómodo, y significa aprender a dar lugar a la otra persona.

Las relaciones adecuadas con el otro sexo le permiten apreciar las diferencias, en un sentido sano. Cuando se le preguntó qué era lo que más apreciaba de las relaciones correctas con los muchachos, una chica respondió: «Valoro la objetividad de los varones. Me ayuda a salir del pantano de mis propias reflexiones emotivas». De la misma manera, los varones generalmente comentan que la perspectiva femenina los sensibiliza respecto a las emociones y los sentimientos. Un muchacho dijo: «Cuando Carolina compartió conmigo cómo le frustraba la forma en que yo analizaba profundamente todo, sus sentimientos me dieron la motivación necesaria para reencauzar esa tendencia».

Cuando usted observa la vida por los ojos del sexo opuesto, Dios puede ampliar enormemente su horizonte social. A la larga, estará mejor equipado con la sensibilidad y las habilidades necesarias para comunicarse, que son vitales para una vida social saludable como adulto, sea casado o soltero.

Pasar un buen tiempo

Débora había estado esperando con mucha expectativa esa noche. Desde que conoció a Cristo, su conducta con los chicos había sufrido una transición, y Felipe era uno de los primeros muchachos cristianos que la invitaba a salir. Sin embargo, la salida no resultó lo que ella había esperado.

En el curso de una sola salida, Felipe le preguntó cuántos hijos deseaba tener, qué versículos estaba memorizando, a quién le había testificado últimamente, y si estaba o no interesada en el campo misionero. La llevó a conocer el edificio que albergaba la oficina donde trabajaría una vez graduado, y luego anunció que no tenía suficiente dinero para invitarla a tomar una gaseosa y sentarse a charlar. Cuando regresó a su casa esa noche, el comentario de Débora fue: «Una noche como esa es suficiente para que vuelva a salir con chicos no creyentes».

No es que a Débora no le interesara compartir los versículos que estaba memorizando, o visitar ese edificio. ¡En absoluto! Lo que faltó fue la espontaneidad y el pasar un buen momento. No quería que la encararan como un proyecto, sino más bien como una persona, cuya afinidad por los pasatiempos era tan importante como su capacidad para estudiar la Biblia.

Cuando decimos que las salidas entre chicos cristianos tienen que ser diferentes de los que no son cristianos, no estamos diciendo que deban ser aburridas y excesivamente serias. De hecho, tendría que ser lo contrario. Dios nos ha dado cosas en abundancia que podemos disfrutar (1 Ti 6.17), entre las cuales ocupan un lugar especial las relaciones con otros cristianos. Si hay alguien que puede tener verdadera diversión es el cristiano, por varias razones.

Mayor sentido de comunidad. Cuando Adán y Eva pecaron, la caída no sólo afectó su relación con Dios sino su relación entre ambos. Usaron hojas de higüera para esconderse simbólicamente el uno del otro. A la inversa, cuando se restaura nuestra relación con Dios por medio de Jesucristo, podemos experimentar apertura, honestidad, e intimidad intelectual que antes no era posible.

Cuando nos acercamos a Dios, no sólo nos interesa lo que puede darnos o hacer por nosotros. Él es una *persona* para ser conocida, no sólo un personaje divino que satisface nuestros deseos. Nos enamoramos de su carácter, de su personalidad. De la misma manera, cuando ya no estamos obsesionados por obtener placeres sensoriales de la relación con otra persona, su personalidad completa se nos muestra de una manera totalmente nueva. Muchas personas dicen que la principal razón por la que sólo desean mantener relaciones de noviazgo con creyentes es que las otras relaciones parecen superficiales. Los cristianos pueden mantener una relación basada en lo perdurable y permanente, en lugar de lo superficial y transitorio. La conversación puede ser mucho más que una charla frívola.

Dos cristianos tienen infinitamente más en común que dos no cristianos. Somos ciudadanos de dos mundos que se relacionan entre sí: podemos conversar acerca de la vida tal como es ahora, con sus entretenimientos, opiniones, y rutinas; y, podemos conversar acerca de lo que va a llegar a ser la vida en la dimensión eterna. Esto nos ofrece interminables posibilidades de conversación. No hay excusa para que dos creyentes lleguen a aburrirse.

Potencial para una aceptación genuina. Cuando estaba en la universidad, una amiga mía tenía que pasar todos los días frente a un internado de varones. Los muchachos decían a viva voz un número del uno al diez según la calificación de la chica que iba pasando. ¡A veces mi amiga se sentía lo suficientemente disgustada como para responderles con otra calificación de acuerdo a su propia escala!

Lo que hace totalmente diferente la relación entre cristianos es la ausencia de un sistema evaluativo, y en cambio una actitud de aceptación incondicional. Es absolutamente esencial que haya un clima de mutua aceptación para que alguien pueda realmente relajarse en compañía de otra persona y sentirse tan cómoda como podría sentirse con su propia familia. Como cristianos podemos sacarnos las máscaras, reconocer nuestras debilidades y fracasos sin temor a ser rechazados.

(Es cierto que aún siendo cristianos hay muchas personas que no llegan a experimentar esa aceptación y profunda comunicación que es posible en una relación. El cristiano también tiene la tentación de vincularse con otros en base a una escala del uno al diez, o de defraudar sexual y emocionalmente al otro dando a entender un compromiso que no existe. Sin embargo, lo cierto es que está la posibilidad real de experimentar mucha más autenticidad en nuestras relaciones que si nos faltara la dimensión de la vida espiritual.)

Ausencia de expectativas compulsivas. Las relaciones entre no cristianos se rigen en gran parte por el interrogante: ¿Qué puedo hacer para impresionarte? Esto a menudo abre el camino al engaño, porque se proyecta una falsa imagen para atraer a la otra persona. En una relación sana de noviazgo, cada uno puede expresar su individualidad sin tapujos, sin recurrir al camuflaje rígido, y a la preocupación innecesaria por lo que la otra persona pueda pensar. ¡Cuánta libertad da escapar de esa jaula!

Los cristianos deberían destacarse por poder pasarla bien, porque no están sufriendo la imposición de expectativas indefinidas. ¡Al menos no debiera ser así! Al estar liberado de la expectativa del compromiso físico, uno puede apreciar algo más que sus hermosos ojos azules. Como dijo una joven: «Mi mayor incentivo para festejar con cristianos consagrados es que no tengo que estar frenándolos». La química de la atracción mutua sigue estando presente (como Dios lo dispuso), pero no condiciona la relación.

Como cristiano también debería estar libre de la presión enorme que produce la expectativa de «a qué nos puede conducir esto». Salir una noche no tiene que ser el preludio de una proposición matrimonial, sino simplemente un tiempo de distracción y de conocerse mutuamente. Cuando es más que eso, puede consumir nuestra energía emocional: «¿Qué me pongo?» «Quizás realmente seamos el uno para el otro». «¿Estuve mal cuando le dije que no podía pasar a recogerla antes de las 8.15?» ¡Uno puede llegar a pasar la noche en vela murmurando esas preguntas!

Si se mantiene la perspectiva correcta, un noviazgo saludable nos llena de energías para seguir adelante con la tarea de vivir. Relájese y disfrute. Aprenda a disfrutar de la personalidad total del otro, bajo el señorío de Cristo.

Crecer en Cristo

Un noviazgo sano puede tener el mismo efecto sobre uno, que cualquier otra clase de relación cristiana estimulante, que nos motiva al amor y a las buenas obras (He 10.24-25). Los cristianos son la sal de la tierra. Cuando nuestras relaciones con otros cristianos son como deben ser, el resultado es que aumenta nuestra sed de conocer más a Dios. La dinámica espiritual de una relación sana de noviazgo hace que las personas sean más sensibles el uno al otro y más abiertos a Dios.

Los noviazgos que producen un mutuo crecimiento espiritual invariablemente se inspiran en motivaciones radicalmente distintas de las del mundo. Como creyentes, nos preguntamos: «¿Qué puedo hacer para ayudarte a lograr ser todo lo que Dios quiere que seas?» Ambas partes se interesan por acercar al otro más al Señor, y esa motivación es lo que determina cómo se visten, dónde van, y qué dicen y hacen.

En cambio en la perspectiva mundana sobre el noviazgo, cada una de las personas procura obtener algo para sí de la relación; el muchacho generalmente busca intimidad física y la chica quiere compromiso emocional. Consciente o inconscientemente, tratan de volcar la balanza para satisfacer sus deseos inmediatos.

La perspectiva cristiana y mundana respecto al noviazgo podría representarse de la siguiente forma:

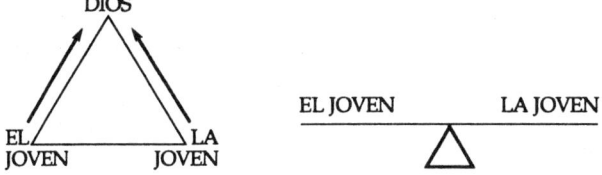

Sin duda, sus motivaciones determinarán si la relación es una ayuda o un obstáculo a su crecimiento espiritual. No hay ningún noviazgo sano que surja de motivaciones tales como: «¿Qué puedo obtener?» o «¿Cómo te puedo impresionar?»

La tentación del muchacho creyente por defraudar a su novia físicamente se supera en gran medida cuando va creciendo su preocupación por el bienestar de la otra persona. Su motivación se orienta hacia otros en lugar de «lo que puede satisfacerme a mí». Como dijo un creyente: «Cuando consagré a Dios mi vida de noviazgo, mis ojos despertaron al valor de la otra persona». Para él, fue un súbito descubrimiento del valor único que tenía la chica con la que salía. Si Dios la había considerado suficientemente valiosa como para redimirla con la sangre de Cristo, entonces él no debía usarla para su propio placer.

Pero a menudo es difícil identificar nuestras motivaciones, ¿verdad? Una de las claves más seguras para discernir nuestras motivaciones es el efecto que tiene sobre nosotros la relación de noviazgo. Pregúntese que efecto está produciendo en su vida.

¿Le permite su relación conocerse mutuamente mejor y conocer más a Dios? Una joven explicó cómo se fue dando cuenta de que esperaba demasiado de su relación con los muchachos. A medida que descubrió que ningún muchacho podía satisfacer las necesidades más profundas de su corazón, fue encontrando más y más seguridad en el Señor mismo. Sus experiencias de noviazgo le fueron permitiendo una mayor comprensión de sí misma y produjo enormes cambios en su andar con Dios.

¿Le da su relación una mayor motivación por obedecer a Dios, por responder a su liderazgo? Hacia el final de mis estudios universitarios, pasé muchas horas tomando café y conversando con un cristiano libanés acerca de una variedad de temas, desde la actividad misionera transcultural hasta la situación actual del mundo. La comprensión que tenía de la Biblia y de la cultura, y el amor contagioso que tenía hacia los que no conocían a Dios, produjeron en mí una mayor apertura a la dirección de Dios y un gran deseo por alcanzar a los perdidos.

Una relación que ayuda al crecimiento espiritual se parece mucho a la Palabra de Dios: «...buena para la necesaria edificación, a fin de dar gracia a los oyentes» (Ef 4.29). Una relación sana de noviazgo debería hacer crecer en su vida la gracia para obedecer a Dios.

Presión externa e interna

Nuestra cultura está orientada hacia la relación de pareja, y cualquier persona sola —divorciada, viuda o soltera—, siente le presión social por formar una pareja. Francis Schaeffer afirma que «la relación entre el hombre y la mujer, tal como Dios la estableció, es el segundo impulso en importancia en el ser humano» (el primero es la necesidad de una correcta relación con Dios).(2)

¿Cuáles son las presiones que avivan el fuego de este impulso? Algunas se deben a padres y amigos bien intencionados que hacen preguntas inocentes tales como: «¿No vas a salir este fin de semana?» La insistencia de estas preguntas puede hacer que nos cuestionemos nuestros modales, nuestra pasta dental, o nuestra capacidad de divertirnos.

No hay nada que se parezca a la soledad de un departamento o de una pensión de estudiantes cuando todos los demás han salido una noche, excepto uno mismo. También recuerdo la sensación que me producía sentirme al margen, cuando todos los demás comentaban con entusiasmo los eventos del fin de semana. A veces sentía una silenciosa desesperación por festejar con alguien, con *cualquiera* que me invitara.

Sin embargo, a medida que empecé a centrar mi atención en Dios mismo y en su habilidad para satisfacer todas mis necesidades, él me liberó de esa presión asfixiante por salir con alguien. Cuando comprendí que esa presión que había estado sintiendo era de origen cultural, me sentí libre de festejar o no.

Otras presiones nacen en la intimidad de nuestro propio corazón, como el anhelo de tener la seguridad de que alguien se compromete por nosotros. La relación con un muchacho o una joven puede ser una manera de cubrir nuestra falta de seguridad y un remedio contra nuestra escasa autoestima. Pero sólo Dios puede fortalecer una autoimagen pobre, esa imagen que es una astilla deslucida de su imagen y semejanza, y que debe encontrar su valor en la joya original.

Si dejamos que crezcan estas presiones externas e internas sin controlarlas, salir con alguien puede transformarse en el *medio* para encontrar pareja, en lugar de que esta sea un *derivado* del proceso. Festejar se puede transformar en una especie de comercio rápido por encontrar el compañero de la vida. Nuestra cámara está desenfocada y todo lo que podemos ver en el lente es el matrimonio. Eso hace que crezcan emociones desagradables, como la falta de templanza, la pasión, la ansiedad por avanzar, y eso nubla completamente nuestra visión.

¿Significa esto que no podemos tener un noviazgo sano si estamos buscando una pareja? No, en absoluto. Pero hasta que esas emociones sean purificadas y reorientadas hacia el Señor, nuestra visión está perturbada y carece del discernimiento necesario para elegir la pareja adecuada para toda la vida.

Cuando sólo dependemos del Señor y nuestras expectativas se orientan hacia él, Dios aquieta el estilo frenético que caracteriza una búsqueda carnal. Si sus motivaciones principales cuando sale con alguien son pasar un buen tiempo, desarrollarse socialmente, crecer espiritualmente, Dios le irá dando el discernimiento necesario para reconocer la pareja adecuada, o para renunciar a ella.

Una mirada de la escena completa

Como un estímulo para desarrollar relaciones sanas de noviazgo, consideremos tres estilos corrientes de noviazgo y matrimonio. La mayoría de las personas que hemos observado o aconsejado sigue alguno de estos esquemas. ¿Cuál de ellos concluye en un matrimonio cristiano apropiado? Observe las etapas que se dan en el proceso.

El primer esquema, seguido por la mayoría de los cristianos, comienza con una actitud mundana hacia la relación entre chicos y chicas. En alguna medida, enfatizan la vestimenta, las cosas, la apariencia, el dinero, el prestigio, y la sensualidad.

Algunas personas pasan de esta perspectiva y estilo de vida a un período en que no tienen relación alguna con personas del otro sexo. Durante esa etapa consagran sus energías a conocer mejor al Señor y a adquirir destrezas para el servicio. (Esta actitud es frecuente en los seminaristas o en ministros muy absorbidos por su tarea.)

Luego en algún momento surge una relación, y la persona cree que es la adecuada para formar matrimonio. Establece un hogar cristiano con una persona que tiene sus mismas metas en la vida. Pero se presentan muchas situaciones que les exigen adaptación mutua, porque carecen de las habilidades que podrían haber adquirido a través de una variedad de relaciones sanas antes del matrimonio.

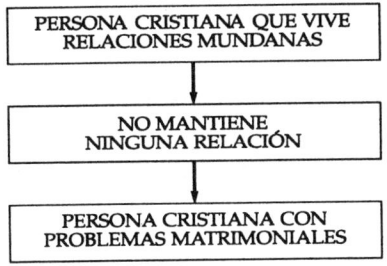

En el segundo esquema, que también es muy común, la persona que tuvo relaciones mundanas y sensuales cuando no era creyente, sigue teniendo el mismo tipo de relaciones después de su conversión. ¡Sólo han cambiado los rótulos! Con frecuencia el resultado es el matrimonio de dos cristianos cuyas actitudes mentales y sociales necesitan ser radicalmente transformadas para llegar a tener un matrimonio realmente cristiano que honre al Señor.

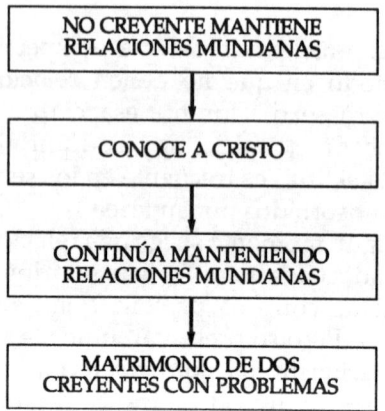

El tercer esquema implica una amplia experiencia en relaciones sanas, y normalmente conduce a un matrimonio satisfactorio. En este caso, las destrezas básicas de una relación se aprenden antes del matrimonio. Este proceso ofrece la oportunidad de madurar y de desarrollar criterios adecuados para elegir la pareja de toda una vida. También permite desarrollar adecuadas conductas de comunicación, antes de llegar al matrimonio. Finalmente se puede elegir, de entre una variedad de relaciones, la persona más afín en mente y corazón.

En nuestra cultura, salir con alguien es el anticipo y la preparación del matrimonio. Muchos esquemas adquiridos durante ese aprendizaje nos acompañan, para bien o para mal, durante el matrimonio. La conclusión es que sólo una correcta actitud de noviazgo puede ser una preparación adecuada para un matrimonio apropiado. Relaciones sanas de noviazgo producen matrimonios sanos.

Relaciones saludables

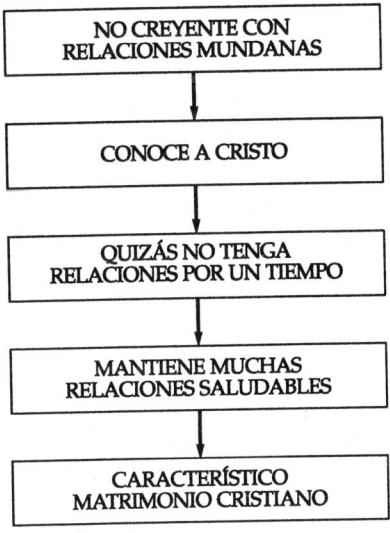

Guía de estudio y aplicación — tarea individual

1. En su opinión, ¿cómo se define en el mundo una cita?
2. Según su experiencia, ¿qué es lo típico de una relación mundana entre un chico y una chica?
3. De acuerdo a los siguientes pasajes, ¿cómo deben relacionarse dos cristianos entre sí?
   a. Nuestras *actitudes*: Romanos 12.10; 14.13; Efesios 4.2.
   b. Nuestras *acciones*: Romanos 14.19; Gálatas 5.13; 6.2
   c. Nuestras *palabras*: Colosenses 3.9; 3.16; 1 Tesalonicenses 5.11.
4. Los autores sugieren que hay algunas diferencias entre hombres y mujeres.
   a. ¿Cuáles son las ideas de los autores?
   b. ¿Cuáles son algunas de sus observaciones personales al respecto?
   c. ¿Cómo debiera afectar sus acciones y conversaciones la percepción de esas diferencias?
5. De acuerdo con los autores, y según su propia experiencia, ¿cuáles son algunas de las formas en que chicos y chicas tratan de impresionar al otro cuando salen? ¿Cómo puede el creyente evitar esta tentación?
6. ¿Cuáles son algunas de las presiones externas e internas que lo mueven a salir con alguien? ¿Cómo puede enfrentarlas?
7. ¿Cuál de los tres esquemas de noviazgo y matrimonio es el más cercano a su propia experiencia hasta el momento? Si hay necesidad de modificar su estilo, ¿cuáles son los pasos que debe dar en ese sentido?
8. Nombre un aspecto de su vida de noviazgo que cree que Dios debe transformar. ¿Cómo lo va a encarar?

Para memorizar: Memorice uno de los versículos que aparecen en la pregunta 3.

Proyecto especial: Pregunte a varios cristianos como describirían un noviazgo sano.

Preguntas para trabajar en grupo

Pregunta 1: ¿Cómo definen los autores una cita? ¿Qué modificaciones le haría a esa definición, si acaso las requiere? ¿Cuáles son, en su opinión, las ventajas y desventajas de salir en pareja y en grupo?

Pregunta 2: ¿Por qué debe ser diferente la manera de salir de dos creyentes? ¿Cuáles son algunas de las razones por las que dos creyentes pueden pasarla muy bien cuando salen?

Pregunta 3: Lectura adicional: Romanos 12.16; 15.17; Efesios 4.31; Hebreos 3.13. ¿Qué aplicaciones prácticas tienen estos pasajes en el contexto de una cita?

Pregunta 4: ¿Cómo influyen en una cita estas diferencias, y cómo debemos reaccionar a ellas?

Pregunta 5: ¿Cree que estos esfuerzos por impresionar a la otra persona son un engaño? ¿Por qué? ¿Cómo debemos reaccionar si pensamos que nuestra pareja está tratando de impresionarnos de una manera poco natural?

Pregunta 8: Resuma las características de un noviazgo sano.

4
Responsabilidades

> Tres cosas me son ocultas; aun tampoco sé la cuarta:
> El rastro del águila en el aire; el rastro de la culebra sobre la peña; el rastro de la nave en medio del mar; y el rastro del hombre en la doncella (Pr 30.18-19).

A semejanza de un águila, de una culebra, o de una nave, la relación entre un hombre y una mujer es a la vez bella y misteriosa. Se parece mucho a los personajes de una obra teatral, ¡sólo que ocurre en la vida real! Cada persona tiene un libreto único y una parte complementaria para desempeñar en la vida del otro. El desempeño de cada actor determina si lo que presenciamos es una obra maestra o un fiasco.

A pesar de esto, vivimos en un mundo que parece infernalmente condenado a borrar las diferencias entre macho y hembra. De alguna forma, el carácter único del hombre y la mujer, se van borrando en la búsqueda de igualdad entre ambos sexos. Pero las identidades no son simplemente intercambiables. Empañar o anular lo distintivo de cada sexo es, como lo señala Elisabeth Elliot en su libro *The Mark of a Man* («La marca de un hombre»), privar a cada sexo de su gloria.(1) En la misma línea, Walter Torbisch dice: «La mujer sólo puede ser mujer en la medida que el hombre sea hombre. Y el hombre sólo puede ser hombre en la medida que la mujer sea mujer. Cuando se nivelan las diferencias, se perjudica a ambos sexos».(2)

La pregunta que se nos plantea hoy es: ¿Hay algo más que lo biológico en la sexualidad? Significa, por lo pronto, que hay algo distintivo en la identidad masculina y femenina, algo creado por Dios, que influye en nuestra manera de pensar y actuar. Es cierto que las diferencias entre los sexos pueden ser difíciles de precisar o de poner en palabras. Pero eso no significa que sean menos reales.

Estas diferencias entre hombre y mujer son categorías *generales*; no son estereotipos rígidos. Pueden agregar condimento, intrigarnos y a veces producir frustración a una relación de noviazgo. También explican porqué un hombre y una mujer pueden formar una combinación insuperable cuando cada uno de ellos capitaliza positivamente la actitud peculiar que el otro tiene hacia la vida. Por eso vamos a examinar el aporte único que pueden hacer un chico y una chica respectivamente.

Reservado para mujeres

«Creo que nuestra meta como cristianos —escribe Walter Trobisch— es enseñar o mostrarle a la mujer emancipada cómo recuperar o conservar su femineidad... Necesita saber que será respetada no por ser un ejemplar hembra de la masculinidad, que es precisamente lo que un hombre desprecia, sino por ser mujer, plenamente mujer, emancipada, pero mujer».(3)

Tanto antes como durante el matrimonio, un hombre necesita ese complemento único que generalmente aporta una mujer. Como mujer, usted debe valorar y subrayar las cualidades femeninas que Dios le ha dado. Esas características tienen un propósito.

El potencial de ser un complemento

Lo que hace de una mujer el complemento atractivo para un hombre es su particular enfoque de la vida. En términos generales, la mujer presta más atención a los detalles, es más intuitiva por naturaleza, percibe matices sutiles, gestos y connotaciones que a menudo el género masculino pasa por alto. Normalmente la mujer tiene de la vida un enfoque más sensible, emocional, subjetivo.

El hombre tiende a ser un especialista en analizar la escena total. Generalmente son más objetivos y directos, y van directo al grano. No se interesan por todos los detalles, sino sólo por la información indispensable.

Imaginemos a Jorge y Sara cenando con otra pareja en un restaurante. Sara se pregunta por qué hay tanta tensión entre ellos esa noche. La atención de Jorge está centrada en una sola cosa: la película empieza a las 7.30. ¿Cómo hacer que terminemos todos a tiempo, para llegar a horario al cine? Jorge puede beneficiarse de la sensibilidad que Sara muestra hacia el clima de tensión del grupo; y Sara debe reconocer que la película va a empezar a las 7.30, con o sin ellos.

Apertura. Si se le pregunta a un muchacho qué realmente lo estimula en su relación con Dios cuando sale con una chica, invariablemente responde: «Que ella simplemente comparta lo que Dios hace en *su* vida». La actitud femenina abierta de compartir con honestidad su vida espiritual parece ser uno de los incentivos más poderosos para el crecimiento espiritual de otra persona. Dios le ha dado la gran oportunidad de ser una especie de receptor espiritual.

Sensibilidad. «Como aguas profundas es el consejo en el corazón de un hombre; mas el hombre entendido lo alcanzará» (Pr 20.5). Una mujer puede ser de enorme ayuda y estímulo al ayudar a un hombre a poner en claro sus pensamientos y sus ideas (y yo agregaría que lo contrario también es cierto). La respuesta honesta, expresada con la ternura de la que habla Proverbios 31.26, puede ayudar al hombre a depurar y concretar sus ideas.

Los hombres difieren entre sí en la tolerancia que muestran frente al desafío de una mujer, y es bueno tener presente que el ego masculino puede ser frágil. Un muchacho necesita las sugerencias e ideas de una mujer, no un tribunal examinatorio o una artillería de opiniones personales. Necesita que alguien lo estimule a pensar, que incentive en él reacciones adecuadas, pero no alguien que destruya todas sus opiniones.

Una mujer funciona mejor en su relación con un hombre cuando lo complementa y no cuando compite con él.

Potencial para cautivar

Hace más de 2500 años un sabio escribió: «He hallado más amarga que la muerte a la mujer cuyo corazón es lazos y redes, y sus manos ligaduras» (Ec 7.26). El que expresó estas palabras fue Salomón, toda una autoridad en el tema, con setecientas esposas y trescientas concubinas (1 R 11.3). Por supuesto, quizás no hubiera llegado a esa conclusión sobre las mujeres si se hubiera mantenido fiel a una sola.

A medida que crecemos en madurez espiritual, la mayoría de las mujeres nos volvemos más conscientes de nuestra tendencia a manipular a un hombre; es decir, de tenderle una trampa. Una joven me dijo: «Periódicamente me siento devastada al tomar conciencia del poder que tengo de hechizar y engañar a los muchachos con los que salgo. Dios me ha hecho ver esta tremenda debilidad de mi carácter».

¿Qué es lo que motiva esta particular habilidad de engañar a un muchacho, y cómo ejercemos este mortífero arte? Creo que la raíz está en nuestro deseo de que alguien esté especialmente interesado en *nosotras*. Nos gusta sentirnos acosadas. Nos produce algo especial pensar que podemos atrapar totalmente la atención de un muchacho y lograr que haga cosas que no haría si estuviera en sus cabales.

Este impulso incontenible de tener a alguien especialmente

interesado en uno, es lo que a menudo lleva a una joven a entregar intimidad sexual a cambio de una evasiva sensación de intimidad y amor. Como dice el dicho: «Los muchachos dan afecto para obtener sexo; las chicas entregan sexo a cambio de afecto».

Los ejemplos de esta realidad son demasiado comunes, pero tengo uno especialmente presente en mi memoria. Yo había acompañado durante dos años a Graciela en discipulado y estudio bíblico después de su conversión, y llegó el momento de estimularla a que se integrara a un grupo de solteros en la iglesia. Graciela eligió un grupo diferente al que yo hubiera elegido para ella, pero entró a participar de lleno y no supe mucho de ella por un año más o menos.

Un día llegó a mi casa tan demacrada que me pregunté si le estaría haciendo mucho daño su profesión como docente. Pensé que me iba a contar qué difíciles eran los alumnos que le habían tocado, pero su verdadero problema me dejó impactada durante varios días. Graciela había estado conviviendo con un muchacho que conoció en el grupo de la iglesia. El le había prometido casarse con ella ese verano, pero luego se marchó con otra chica un mes antes de la boda prevista.

Graciela era una chica atractiva, realista y sana en sus actitudes, de la que no se esperaría que se fuera a vivir con un hombre. Pero el hecho atroz de estar acercándose a los treinta le había producido pánico, y ofreció intimidad sexual en un desesperado intento de obtener amor, matrimonio, compromiso. Lamentablemente, no sólo no encontró amor y compromiso, sino que quedó devastada por la experiencia. Esto ocurre a menudo cuando una mujer trata de conquistar el afecto de un hombre; en su intento de atraparlo, queda ella misma atrapada.

Hay otros recursos que usan las jóvenes para obtener el compromiso de los muchachos, además de ir a la cama con ellos. Tres de estos recursos, que las Escrituras mencionan o sugieren, son: nuestras palabras, nuestra mirada, nuestra vestimenta. Estas técnicas son tan comunes en el siglo XX que quizás nunca antes se tuvieron en cuenta.

Nuestras palabras. El libro de Proverbios habla claramente acerca de «la mujer extraña, la ajena que halaga con sus palabras» (Pr 2.16). Habla de la «blandura de la lengua de la mujer extraña» (6.24), que obliga «con la zalamería de sus labios» (7.21). No tenemos que considerarnos mujeres adúlteras sólo porque hayamos halagado a un hombre, pero Dios dice que es una práctica que engaña a un hombre y lo lleva a desviarse. El diccionario define la palabra «halagar» como «adular en exceso, especialmente por motivos egoístas; promover esperanzas o gratificaciones sobre la base de cualidades inexistentes».(4) ¡Esa definición puede producir casi tanta convicción de pecado como las Escrituras!

También hay una sutil tentación para la mujer de construir «puentes emocionales» en su conversación. Discutir planes para el futuro, sondear las ideas del muchacho respecto al matrimonio y a los hijos, e intentar aconsejarlo respecto a sus problemas, son actitudes que pueden volcar prematuramente a un hombre hacia el matrimonio. «De la abundancia del corazón habla la boca» (Lc 6.45); por lo tanto, si una mujer permite que Dios la libere de la obsesión por el matrimonio, su conversación no se verá condicionada por todo lo que implica una relación definitiva.

Nuestra mirada. Nuestra pequeña hija, Allison, es un caso en miniatura de lo que puede hacer una mujer cuando usa sus ojos para sacar provecho. Tan pronto aprendió a sonreir, alrededor de los tres meses de edad, sabía cómo mover las pestañas... ¡especialmente delante de su papá! En ocasiones pensé que estaría dispuesto a traerle la luna si ella se lo pedía.

Lo que he observado en Allison es una característica que comparte con su madre, y en general, con el resto del género femenino. La Biblia no sostiene que debamos protegernos detrás de anteojos oscuros, pero sí advierte que podemos usar destructivamente nuestra mirada, como un recurso para tender trampas. Salomón aconseja a su hijo que no deje que la mujer inmoral lo cautive con sus ojos (Pr 6.25). Decimos que una mujer es coqueta cuando usa seductoramente los ojos para conquistar a un hombre; ese es un peligro que debemos evitar.

Nuestra vestimenta. Cuando recién me había convertido al cristianismo, me anoté con entusiasmo en un curso bíblico de cinco semanas, que se llevaría a cabo en las instalaciones de una organización cristiana. En mi entusiasmo, omití leer las instrucciones respecto a qué debíamos llevar, y no me enteré en absoluto de la clara indicación que leía: «Sólo se admiten trajes de baño de una pieza para la piscina». Quedé sorprendida cuando el salvavidas (que era una mujer) me dijo gentilmente que mi traje de dos piezas no estaba permitido, y me pidió que me retirara. Recuerdo ese momento como uno de los más embarazosos de mi vida.

A esa altura de mi vida cristiana no entendía el razonamiento que había detrás de la prohibición, y su reglamentación sobre la vestimenta me pareció un tanto puritana. Sencillamente no sabía de los problemas que enfrentan los muchachos con sus fantasías, y cuán fácilmente se excitan por lo que *ven*. Obviamente Job era consciente de esto cuando dijo: «Hice pacto con mis ojos; ¿cómo pues había yo de mirar a una virgen?» (Job 31.1). Jesús añadió la severa reflexión: «Cualquiera que mira a una mujer para codiciarla, ya adulteró con ella en su corazón» (Mt 5.28).

En la definición de Wayne Wright, lujuria es sucumbir a la tentación de satisfacer un deseo válido, de una manera ilícita. Consideremos este ejemplo en la vida de Jesús. La primera tentación que enfrentó en el desierto fue la de convertir las piedras en pan. No hay nada malo en cuanto a comer; es un deseo natural y saludable común a todos nosotros. Sin embargo, si Jesús hubiera convertido las piedras en pan en esa ocasión, hubiera satisfecho un deseo válido en un momento incorrecto, y por lo tanto de una manera pecaminosa. De manera similar, nuestro apetito sexual, aunque nos ha sido dado por Dios, debe ser satisfecho dentro de los parámetros prefijados de un compromiso de por vida con la otra persona.

Advertir que una mujer resulta atractiva no es lujuria. Como dice Billy Graham, «lujuria es la *segunda* mirada», que va más allá de la mirada inocente, para transformarse en deseo, y ocupar la mente.

Lo que un muchacho mira puede ser el trampolín a la lujuria en su mente y eso puede a su vez dar luz al pecado concreto. Una encuesta entre 5.000 muchachos que habían tenido relaciones sexuales prematrimoniales mostró que el principal estímulo era una chica vestida con un abrigo ajustado o una blusa provocativa. Obviamente lo que veían no era simplemente algo que «entraba por un ojo y salía por el otro».

La motivación a vestirse discretamente no está enraizada solamente en el deseo de una joven de ser modesta, sino también en su comprensión de las expectativas y las limitaciones propias de los muchachos. Mi perspectiva respecto a cómo vestirme es similar a muchas otras áreas en las que me rijo por la libertad en Cristo. Soy libre de vestirme como yo quiera, pero elijo poner límites a mi libertad, por consideración a mi hermano en la fe. Romanos 14.13 nos aconseja: «Decidid no poner tropiezo u ocasión de caer al hermano». Yo *soy* guarda de mi hermano en el sentido de que debo vestirme de una manera que no obstaculice su crecimiento espiritual. Más allá, él es responsable de sus pensamientos.

Pida a Dios que le dé una primordial preocupación por el bienestar espiritual de los muchachos que están cerca suyo, y la libere de esas motivaciones ulteriores sutiles que buscan atrapar su atención.

Elisabeth Elliot dice que a menudo le preguntan: «¿Qué puedo hacer para que se fije en mí?» Observe con cuidado el consejo que ella da:

> Mi respuesta es: «nada». Es decir, nada respecto al hombre.
> No lo llame por teléfono. No le escriba notitas con dibujos de flores o caritas sonrientes. No lo alcance en el pasillo de la facultad para decirle: «¡Necesito hablar un momento contigo!»
> No se muestre desconsolada, no lo ignore, no lo persiga, no le

haga favores, no hable acerca de él ante diez oyentes seleccionados.

Hay una cosa que puede hacer: deje todo el asunto en las manos de Dios. Si él es el hombre que Dios ha preparado para usted, «él no quitará el bien a los que andan en integridad» (Sal 84.11).

Concentre sus energías en obedecer, no en atrapar al hombre. Dios tiene sus propios métodos para acercarlos. No necesita que usted lo ayude ni le dé consejos.(5)

«Engañosa es la gracia, y vana la hermosura; la mujer que teme a Jehová, ésa será alabada» (Pr 31.30). Si realmente reverenciamos a Dios, él nos dará la habilidad necesaria para ser complemento del hombre en lugar de atraparlo. Sólo Dios puede hacer de cada mujer la gloria de un hombre —si ésa es su intención—, y que éste a su vez traiga gloria al Creador (1 Co 11.7).

Especialmente para varones

Muchas mujeres sienten que a los varones les toca la mejor parte. Como hombres, podemos elegir a quién invitar, dónde ir, cuánto gastar, y si vamos a volver a llamar o no. Hay muchas variables sobre las cuales tenemos la mayor parte del control, y junto con ese control viene la responsabilidad. Las elecciones que hacemos ponen de manifiesto nuestra motivación y nuestra perspectiva respecto a las mujeres: ya sea el deseo de contribuir a su crecimiento personal o el deseo de conquistarlas y controlarlas.

El deseo de contribuir

En el noviazgo, el muchacho está más o menos en la misma situación de un helado que todavía no se terminó de congelar. En el contexto del matrimonio, el varón será el líder tierno del hogar. Pero durante el noviazgo, no es todavía líder espiritual en ese sentido. ¡Tiene todos los ingredientes para llegar a serlo, pero todavía no es el producto terminado!

El concepto de que el varón es líder espiritual permite que surjan muchas interpretaciones erróneas acerca de su rol durante el noviazgo. Puede ser que sienta que una chica es su proyecto de discipulado. Una joven lo expresó de la siguiente manera: «Todavía me siento como un objeto en compañía de algunos muchachos creyentes. Antes de ser cristiana, los muchachos me trataban como un objeto en el sentido sensual. Ahora los cristianos se me acercan como si fuera un objeto espiritual: un proyecto a desarrollar, y no una persona a quien disfrutar».

Para identificar alguna concepción errónea que pudiera tener sobre su rol en la relación de noviazgo, hágase algunas preguntas. ¿Realmente piensa que puede aprender cosas de una chica, sentirse desafiado y modificado por lo que ella piensa y percibe? ¿Se descubre a sí mismo tratando de tener la última palabra en la conversación, como si de alguna forma siempre tuviera que tener la razón?

El Nuevo Testamento nos dice que todos somos miembros los unos de los otros, independientemente de nuestro sexo (Ro 12.5). «El ojo no puede decir a la mano: No te necesito» (1 Co 12.21). En otras palabras, como varones necesitamos las opiniones y puntos de vista de las chicas. Sin ellas nuestra perspectiva es incompleta.

Asumir responsabilidades. Usted debe decidir a quién invitar para una salida. Cuando analice las alternativas, tenga en cuenta algo más que las condiciones físicas: una chica es mucho más de lo que se ve. Es demasiado fácil caer en la tentación de salir con una chica con la que podemos lucirnos. (Las mujeres también pueden caer en esa tentación.)

A pesar de que como hombres tendemos a fijarnos en las apariencias, debiéramos fijarnos en el corazón, como lo hace Dios (1 S 16.7). Consideremos lo siguiente: si usted fuera ciego, ¿hacia quién se sentiría atraído, a quién desearía invitar a salir? La respuesta a esa pregunta indica cuáles son las chicas que le atraen cuando toma en cuenta sus cualidades de carácter.

En el noviazgo, usted voluntariamente asume la responsabilidad por el bienestar de la joven. Durante el primer verano en que conocí a Paula, yo estaba trabajando como carpintero en una construcción. Después de haber estado allí varias semanas, me esforzaba enormemente por evitar que Paula se viera expuesta a ese ambiente, a las conversaciones, a las miradas molestas. En un noviazgo serio, uno debe tratar a la chica como trataría a la mujer con la que quiere casarse.

Cuando planee una cita, tenga en mente el efecto que quiere dejar en la persona con la que sale. Si quiere entretenerse de una manera agradable, entonces elija una película, o juegue un partido de algo, o haga cualquier otra cosa que le brinde esa posibilidad. Si lo que quiere es analizar ideas, conocer la historia personal de cada uno o descubrir sus intereses particulares, entonces busque el tiempo y el lugar adecuado para ese fin. Paula y yo mantenemos una lista actualizada de los lugares de la ciudad donde podemos tomar café interminablemente, mientras charlamos. No importa qué haga, recuerde que la meta es pasar un buen momento y darse mutuo estímulo en la fe.

Quizás sea adecuada una palabra de advertencia de Proverbios: «El avisado ve el mal y se esconde; mas lo simples pasan y reciben el daño» (Pr 22.3). Un amigo nuestro se sintió muy incómodo cuando tuvo que levantarse y dejar el cine con su pareja porque se había olvidado de verificar la calificación de la película. Así como Daniel «decidió no contaminarse» (Dn 1.8), piense por anticipado en las situaciones que podrían afectar su integridad o producir estímulo sensual, y evítelas.

Comunicación. ¿Se ha puesto alguna vez a observar los matrimonios en un restaurante? Generalmente lo que vemos son miradas que no se encuentran y conversaciones que no se producen. De hecho, Paula y yo sentimos que llamamos la atención cuando disfrutamos varias tazas de café, debatiendo intensamente alguna idea. Muchos hombres no encuentran fácil comunicarse. Es necesario desarrollar las habilidades propias de una buena comunicación, y el noviazgo es una situación ideal para empezar a aprender.

Los especialistas en comunicación nos dicen que hay cinco niveles en la comunicación. John Powell, un conocido autor sobre relaciones interpersonales, los clasifica así:

Nivel 5: conversación *cliché*
Nivel 4: comentarios acerca de otros
Nivel 3: mis propias ideas y opiniones
Nivel 2: mis sentimientos (emociones)
Nivel 1: comunicación plena (verdadera comprensión e identificación)(6)

Mientras no se alcanza el nivel tres, en realidad la conversación no pasa de ser de la que podríamos tener con un extraño en la calle.

En su esfuerzo por alcanzar un nivel más profundo de comunicación, muchos chicos avanzan demasiado rápido. El resultado son las preguntas inapropiadas y la conversación absurda. Un ejemplo que consideramos en el capítulo tres era la ocasión en que Felipe le preguntó a Débora cuántos hijos quería tener, sin ni siquiera saber cómo había pasado el día.

En una situación típica de noviazgo, los niveles de comunicación pueden funcionar más o menos de la siguiente forma:

Jorge: Dime cómo es un día cualquiera cuando enseñas. (Nivel 5, conversación *cliché*)

Elena: Cuando las cosas andan bien, al entrar al salón de clases podrías encontrar a la mayoría de los chicos trabajando sosegadamente en sus pupitres, y yo estaría ayudando a algunos a un lado del salón. Pero en un mal día, como un viernes lluvioso o la última semana antes de Navidad, podrían estar colgados del techo. (Nivel 4, información acerca de los hechos)

Jorge: ¿Qué piensas que va a ocurrir en el campo educacional? ¿Crees que vas a continuar en esa profesión? (Nivel 3, ideas y opiniones)

Elena: Me has hecho una pregunta delicada. He estado sintiendo que el Señor quizás me está guiando hacia la tarea de orientación escolar, donde podría trabajar con un alumno a la vez. Controlar un salón lleno de alumnos me está produciendo mucha tensión. Realmente no me siento en condiciones para seguir en esto. (Nivel 2, sentimientos y emociones, lo que conduce al nivel 1, de la conversación abierta, sin defensas levantadas)

¡Este ejemplo no pretende sugerir que se puede avanzar por los cinco niveles con sólo plantear dos preguntas! Pero observe que las preguntas que hizo Jorge no eran preguntas para contestar con una sola palabra.

A veces pensamos, equivocadamente, que la comunicación en una situación social como una cita no es mas que «hacer conversación». Por cierto que hay lugar para la conversación superficial acerca de los hechos inmediatos («¿Quién ganó el partido?») o de los amigos en común («¿Te contó Guillermo lo que pasó en la oficina?»). Pero no nos detengamos ahí.

También es importante que como muchachos hagamos un verdadero esfuerzo por relacionarnos con las chicas que nos rodean, en un nivel emocional, y no solo en la discusión de los hechos fríos y objetivos. La habilidad crucial que debemos desarrollar es la de comunicarnos en los niveles más profundos de las actitudes, los valores, hábitos, y perspectivas.

Un hombre mayor que yo me dijo una vez que había llegado a una sorprendente conclusión: «El cincuenta por ciento de la humanidad (y no sólo las mujeres) tiene una orientación emocional hacia la vida. De modo que si quiero aprender a comunicarme realmente, debo ser capaz de relacionarme en el plano emocional». Cuando le preguntamos a una chica cómo se siente respecto a algo, y no sólo lo que ocurrió, o su opinión al respecto, le estamos expresando verdadera preocupación por ella como persona.

Para entender realmente a otra persona, debemos tener en cuenta no sólo sus expresiones verbales sino también las no verbales. ¿Qué mensaje nos está trasmitiendo por medio de sus gestos, expresiones, lenguaje corporal? Los estudios revelan que las mujeres son mucho más eficientes descifrando la comunicación no verbal. ¡Los varones tenemos mucho que aprender!

La mayoría de los muchachos tiende a comunicarse más por el tacto que por las palabras. En realidad aquellos cuyas experiencias de noviazgo están demasiado enraizadas en la sensualidad, se encuentran menos capacitados para comunicarse con palabras solamente. Hablando en términos generales, cuanto más ahonda una pareja en lo sensual antes del matrimonio, tanto menos capacidad desarrollan para comunicarse verbalmente. Conocer un cuerpo no tiene nada que ver con el hecho de conocer a la persona que habita ese cuerpo. La incapacidad de comunicarse con una mujer como persona total, puede presagiar el fracaso matrimonial. Por esta razón la conversación debe reemplazar a la interacción sexual en un noviazgo saludable.

Sensibilidad. ¿Cuándo fue la última vez que preguntó: «¿Estás enojada conmigo?»; O dijo: «Acabo de aprender algo nuevo sobre mí mismo»; o admitió: «Estoy nervioso por esa entrevista de trabajo»? Nos parece bien que las mujeres comenten las emociones de otros o admitan las propias. Para los varones en cambio, los sentimientos son como las cucarachas: disgustan y hay que sacárselas de encima. Un hombre insensible y poco consciente de sus propias necesidades emocionales, a menudo será insensible a los sentimientos de quienes lo rodean, especialmente mujeres. Esta actitud puede ser fuente de muchas angustias.

Hace poco le pregunté a Elisa si todavía salía con el muchacho con el que había salido por un tiempo. «Bueno, creo que podría decir que la relación llegó a un estancamiento —contestó—; Ricardo anunció la semana pasada que le parecía que no congeniábamos y que no debíamos salir más». ¿Conversaron sobre los motivos, y llegaron a una comprensión mutua? —le pregunté—. No, no lo hicimos —respondió con una expresión de amargura en la voz—. No me preguntó qué pensaba o sentía, y yo no lo dije. El es el líder en esa situación.

Aquí el machismo reemplazaba insensiblemente el concepto de verdadero liderazgo, y la consecuencia era la incomprensión. No cabe duda que para Ricardo era un tema difícil de abordar, pero Elisa hubiera podido mostrarse más comprensiva y menos enojada si él hubiera planteado el tema y le hubiera preguntado: «¿Cómo te *sientes* con esto, Elisa? Me interesa tu opinión».

Sufrimos el exceso de machismo: la imagen del hombre competitivo, agresivo, seguro, que no necesita de nadie. Dice lo que piensa, de forma directa y precisa, o simplemente no dice nada.

Contrastemos esta imagen con la de Jesucristo, el hombre más sensible y tierno que jamás vivió sobre la tierra, y a la vez muy masculino. Podía mostrarse airado hacia los mercaderes del templo, alegar en contra de los fariseos a los que acusaba de víboras e hipócritas, y a la vez se lo podía encontrar sollozando frente a la tumba de Lázaro, sin que fuese contradictorio. La noche de agonía en Getsemaní, pidió expresamente a los suyos que lo respaldaran: «Quedáos aquí, y velad conmigo» (Mt 26.38). Lo que resulta aún más sorprendente es que se nos dice que Cristo, que es el hacedor del universo, «fue tentado en todo según nuestra semejanza» (He 4.15). Sintió como nosotros y con nosotros.

La sensibilidad bíblica está orientada hacia los demás. En el noviazgo, eso significa que el varón debe ser sensible hacia las necesidades, sentimientos, preferencias y opiniones de la joven. No sólo importan nuestros sentimientos, sino también los de la otra persona.

El deseo de conquistar

En nuestra cultura crecemos con una perspectiva pervertida de la masculinidad, que considera la madurez según el atractivo sexual y la capacidad de conquista. Pocos se salvan de esta presión cultural. Como me dijo un muchacho: «Cuando entré a la universidad, estaba acostumbrado a que me preguntaran si me acostaba con la chica con la que salía. Cualquier expresión de castidad se consideraba como una debilidad puritana».

Mantener una perspectiva bíblica acerca de la relación

hombre-mujer requiere un cambio radical de perspectiva. Cualquier muchacho (o para el caso cualquier chica) que haya estado involucrado en relaciones sensuales debe romper con ese pasado. Hay heridas que deben ser sanadas, una conciencia que debe ser remodelada, una actitud mental para revisar. A pesar del perdón recibido, las consecuencias son reales. Como nos recuerda Proverbios 6.28: «¿Andará el hombre sobre brasas sin que sus pies se quemen?»

En el capítulo 7 explicaremos cómo recibir el perdón total de Dios y alcanzar la victoria en este aspecto de la sensualidad. El plan de Dios es que «cada uno de vosotros sepa tener su propia esposa en santidad y honor» (1 T 4.4). Podemos confiar en que el Señor nos va a dar un estilo de vida caracterizado por la pureza, y por la intención de contribuir sexualmente, en lugar de conquistar y defraudar.

Emocionalmente. Como hombres debemos ser muy cuidadosos de sugerir un compromiso que en realidad no sentimos. (Una vez más, esto no atañe sólo a los muchachos.) La práctica frecuente de «mantenerla ilusionada» puede ser producto de una personalidad insegura que trata de controlar los afectos de la otra persona, a veces inconscientemente. ¡No se me ocurrió que por haberle enviado rosas, haberla invitado seis sábados seguidos, o presentarla a mis padres, ella iba a empezar a hacer planes para la boda!

Es importante precisar la relación que mantenemos. Cuando sienta dudas, o cree que ella las tiene, plantéelo. Si siente que la chica está esperando más compromiso del que usted está dispuesto a ofrecer, es un deber hablar honestamente con ella acerca de lo que siente. Y es inmaduro e injusto sencillamente dejar de salir, y dejar «que saque las conclusiones que quiera».

Pensarlo bien

Seguramente mientras lee este capítulo estará pensando: «Conozco mujeres que también hacen eso». «Eso es igualmente cierto para los muchachos». Tiene razón. Algunas de las diferencias entre hombres y mujeres hay que verlas con cautela porque aunque son diferencias *reales* no son diferencias *rígidas*. Como dijo un consejero: «Se pueden explicar muchas cosas de la vida cuando aceptamos que los hombres y las mujeres piensan y reaccionan de manera diferente». Una mayor conciencia acerca de los rasgos distintivos de la identidad masculina y femenina nos puede ayudar a modificar nuestro comportamiento y a aceptar el comportamiento de la otra persona.

Guía de estudio y aplicación — tarea individual

Lo estimulamos a contestar todas las preguntas, porque puede aprender algo acerca del otro sexo.

Especialmente para mujeres

1. Describa el concepto que nuestra cultura tiene del rol de la mujer en el noviazgo. ¿En qué difiere su propio concepto?

2. Lea 1 Pedro 3.3-4. ¿Cuáles son los aspectos de su apariencia física por los que debe preocuparse una mujer?

3. Busque los siguientes pasajes, que revelan algunas características positivas y negativas del carácter femenino. Identifique esas características y sus efectos.
    Positivo: Proverbios 11.16; 19.14; 31.25.
    Negativo: Proverbios 2.16-19; 9.13; 27.15-16.

4. ¿Cuáles son las diferencias entre la adulación y una felicitación sincera?

Especialmente para varones

5. Describa el concepto en nuestra cultura del rol del varón en el noviazgo. ¿En qué difiere de su propio concepto?

6. ¿Cómo describiría el liderazgo espiritual en una relación de noviazgo? ¿En qué formas se ha abusado de ese rol en el noviazgo y el matrimonio?

7. ¿En qué formas se muestran poco sensibles los muchachos hacia sus novias?

8. Anote un principio que surja de cada uno de los siguientes versículos respecto a cómo planificar una cita: Proverbios 14.22; 16.3; 19.2; 21.5.

9. Seleccione una posible actividad con una chica dentro

de las siguientes categorías: pasatiempo, deporte, educación, crecimiento espiritual. ¿Cuál será el objetivo y la atmósfera apropiada en cada caso?

Para hombres y mujeres

10. Los autores citan los cinco niveles de comunicación definidos por John Powell: nivel 5, conversación *cliché*; nivel 4, información sobre los hechos; nivel 3, mis ideas y opiniones; nivel 2, mis sentimientos; nivel 1, comunicación plena. Indique los niveles de comunicación apropiados para cada nivel de compromiso: primera cita; salidas ocasionales; noviazgo formal; compromiso; matrimonio.

11. ¿Por qué es importante definir con precisión el carácter de la relación?

12. ¿Podría dar una o dos aplicaciones que surgen de las ideas aprendidas en este estudio?

Para memorizar: Mujeres: 1 Pedro 3.3-4
Varones: Proverbios 22.3.

Proyecto especial: Comparta las aplicaciones que ha encontrado de este estudio con uno o dos amigos íntimos. Pregúnteles si observan alguna carencia significativa en su estilo de noviazgo, y cómo responder a esa necesidad.

Preguntas para discutir en grupo

Pregunta 1: ¿Concuerda con los autores en que el rol de la mujer es el de complementar al hombre y no el de competir con él? ¿Por qué?

Pregunta 2: ¿Qué actitud deben mantener las mujeres hacia su apariencia personal? ¿Cómo podríamos parafrasear este pasaje?

Pregunta 3: ¿Qué ejemplos ha observado de cómo manipula una mujer a un hombre?

Pregunta 4: Describa una conversación hipotética en la que una chica adula a un muchacho con la intención de manipularlo porque está interesada en él.

Pregunta 5: ¿Cuál piensa que es el rol o la responsabilidad principal de un varón en una cita?

Pregunta 6: ¿Es el liderazgo algo inherente a la masculinidad, o algo que la mujer debe otorgarle al varón? ¿Es frecuente que los hombres sientan que pueden aprender espiritualmente de una mujer? ¿Puede dar un ejemplo de una lección espiritual que haya aprendido de una mujer?

Pregunta 7: ¿Siente que es el muchacho quien debe tomar todas las decisiones en el noviazgo? ¿Por qué? ¿En qué formas puede mostrar mayor sensibilidad un muchacho hacia una chica?

Pregunta 8: ¿Por qué es importante planificar por anticipado una salida? ¿Puede dar ejemplos de los resultados de una planificación cuidadosa o de una actitud descuidada al respecto?

Pregunta 9: ¿En qué otros tipos de salidas puede pensar?

Pregunta 11: ¿Cómo se las arreglaría para definir una relación? ¿De qué maneras los varones comunican a las mujeres un compromiso que no sienten, ya sea de forma intencional o no?

5
Un noviazgo juicioso

Escuchemos la conversación entre Darío Demonio y su asistente. Están discutiendo el destino de Juan.

Darío: ¿Qué has estado haciendo durante las últimas dos semanas? Acabo de enterarme de que Juan se ha unido a las filas del enemigo, y no soporto escuchar la fiesta que se están dando los ángeles.

Asistente: Hice lo mejor que pude, pero el enemigo me superó.

Darío: ¡Bueno, no vale la pena llorar por los paganos convertidos! Pasemos al plan B. Procura que Juan se interese por Micaela, esa chica que trabaja en su oficina. Ya hace años que está firmemente alistada en nuestras filas. Con un poco de ayuda de nuestra parte, quizás pueda alejar el corazón de Juan del campo enemigo antes de que sus pies estén demasiado plantados allí. ¡A trabajar!

Esta anécdota puede resultar humorística, a menos que usted se haya enfrentado con la tentación de Juan, de salir con una persona no creyente (o lo haya hecho). En alguna ocasión, todos nos hemos visto atrapados por este dilema, y sólo una dosis adicional de cuidado y autocontrol nos han evitado entrar en una relación inadecuada de manera definitiva.

El noviazgo con personas no creyentes es un tema cargado de emotividad y de implicaciones de largo alcance. Para quienes no se han planteado antes el tema (creyentes nuevos, por ejemplo), resulta una discriminación demasiado estrecha y excesivamente radical, limitar así el campo en el cual se puedan hacer elecciones o aceptar invitaciones. Pero le pedimos que preste atención a nuestro ruego: haga citas cuidadosas y asegúrese una pareja con actitudes mentales similares a usted con la cual casarse.

El yugo desigual con un inconverso

El matrimonio fue ideado para vivir en unidad: dos personalidades entretejidas por la armonía de una mentalidad compartida. El yugo desigual no es más que una máscara, en la que la unidad y la comunión resultan inalcanzables. Tener claro este principio de la unidad nos ayudará a entender porqué la Biblia habla tan dogmáticamente acerca de con quién formar pareja, y con quien mantener relación de noviazgo.

> No os unáis en yugo desigual con los incrédulos; porque ¿qué compañerismo tiene la justicia con la injusticia? ¿Y qué comunión la luz con las tinieblas? ¿Y qué concordia Cristo con Belial? ¿O qué parte el creyente con el incrédulo? ¿Y qué acuerdo hay entre el templo de Dios y los ídolos? Porque vosotros sois el templo del Dios viviente, como Dios dijo:
>
>> Habitaré y andaré entre ellos,
>> Y seré su Dios,
>> Y ellos serán mi pueblo.
>
> Por lo cual,
>> Salid de en medio de ellos, y apartaos, dice el Señor,
>> Y no toquéis lo inmundo;
>> Y yo os recibiré,

> Y seré para vosotros por Padre,
> Y vosotros me seréis hijos e hijas,
> dice el Señor Todopoderoso (2 Co 6.14-18).

La imagen visual que se usa en este pasaje es el de una yunta de bueyes que están bajo el mismo yugo. Los corintios podían entender que la ley del Antiguo Testamento prohibía la práctica de hacer yunta entre dos animales de diferentes especies para tirar una carga (Dt 22.10). Animales diferentes en un mismo yugo no pueden arar eficientemente un campo porque tiran en diferentes direcciones y con distinta fuerza.

A primera vista este pasaje no parece tener mucho que ver con el noviazgo. Sin embargo, alude al yugo desigual en cualquier tipo de relación, y eso incluye el matrimonio que puede surgir de un determinado noviazgo. Personas de yugos desiguales no pueden hacer una buena pareja matrimonial, porque difieren en aspectos esenciales. Dicho claramente, un cristiano no puede casarse con un no cristiano y mantenerse dentro de la voluntad de Dios. No hay concesiones, ni opciones, ni casos especiales. Aun si la relación nunca llega al matrimonio, usted se está exponiendo a la influencia de una persona que, al menos, no será de ayuda para su crecimiento en el Señor.

Me gusta que Dios se haya esforzado en explicarnos *por qué* prohibe esa unión desigual. El alude a un creyente y a un no creyente en términos totalmente opuestos: luz y tinieblas, Cristo y Satanás, justos e injustos, templo de Dios e ídolos. Creyentes y no creyentes son como el agua y el aceite: no se pueden mezclar.

Consideremos más de cerca las cinco preguntas retóricas que se plantean en este pasaje para demostrar el absurdo de un matrimonio espiritualmente mixto.

«*¿Qué compañerismo tiene la justicia con la injusticia?*» Estas son dos fuerzas fundamentalmente antagónicas que no se pueden reunir en una relación compatible.

«*¿Qué comunión la luz con las tinieblas?*» Ninguna en absoluto. El destino actual y futuro del incrédulo (a menos que reconozca a Cristo) es el de la oscuridad eterna (Mt 25.30). Nosotros mismos vivíamos antes en las tinieblas, y ahora como cristianos se nos ha llevado de esa oscuridad a la luz maravillosa de Dios (Co 1.13; 1 P 2.9). No puede haber verdadera comunión entre dos personas que viven en condición espiritual diferente, destinados a dos destinos espirituales opuestos.

«¿*Qué concordia Cristo con Belial (Satanás)?*» Como cristianos, Dios es nuestro Padre (Ro 8.15), y Cristo es nuestra vida (Co 3.4). El padre del incrédulo es Belial, o Satanás (Jn 8.44). En consecuencia, cada una de esas personas está controlada por un poder diferente, y es imposible alcanzar la armonía.

«¿*Qué parte el creyente con el incrédulo?*» La ciudadanía, los intereses, la herencia de un cristiano, trascienden este mundo. Para un incrédulo, este mundo es la única realidad que puede entender. Por lo tanto no hay una base sobre la cual compartir los asuntos más importantes de la vida.

Por último, «¿*Qué acuerdo hay entre el templo de Dios y los ídolos?*» En 1 Co 6.9-10 se nos dice que los idólatras no tienen parte en el reino de Dios. De acuerdo con el v. 19, como cristianos, «nuestro cuerpo es templo del Espíritu Santo», que hemos recibido de Dios. El templo de Dios y los ídolos son incompatibles; no puede haber un propósito en común.

	INCRÉDULO	CREYENTE
Destino	Juicio eterno	Vida eterna
Fuente de poder	La carne	El Espíritu Santo
Fuente de control	Satanás	Dios
Situación	Tinieblas	Luz
Condición	Muerto en el pecado	Vivo en Dios
Lealtad	Adoración a falsos dioses	Adoración al verdadero Dios

Use su imaginación

El incrédulo no está en una situación de neutralidad.

Desde la perspectiva de Dios, aún ese muchacho bueno, agradable y buen mozo está en las filas del enemigo. ¿Cuáles son las consecuencias de elegir un matrimonio espiritualmente mixto? Imagínese por un momento en las siguientes situaciones hipotéticas.

Las Escrituras declaran que el incrédulo está espiritualmente *muerto* (Ef 2.1). No tiene interés ni deseo por las cosas espirituales. En su caso, como cristiano que ha recibido nueva vida en Cristo, las verdades espirituales que va descubriendo transforman su vida. A su pareja incrédula, esas mismas verdades le parecen comparativamente irrelevantes.

Escuchemos está conversación corriente entre una esposa creyente y su esposo inconverso.

Esposa: Querido, ¿te comenté lo que estuve pensando a raíz del último estudio bíblico de mujeres al que asistí?
Esposo: No, creo que no.
Esposa: Bueno, estuvimos estudiando la Segunda Venida de Cristo. Nunca había advertido que toda la historia concluye en su regreso. Vino la primera vez como bebé, y cuando regrese lo hará como Rey. Entonces pondrá en orden el caos que hay a causa del pecado.
Esposo: ¿Qué quieres decir? Cada vez que lees algo, llegas con nuevas soluciones futuras a nuestros problemas. Con la nueva tecnología, la moderna educación, las nuevas curas para el cáncer...

Imagínese esta atribulada esposa mientras recoge la mesa del desayuno. Su honesto intento de compartir un nuevo conocimiento queda frustrado; su esposo simplemente no entiende. Como dice 1 Co 2.14: «Pero el hombre natural no percibe las cosas que son del Espíritu de Dios, porque para él son locura, y no las puede entender, porque se han de discernir espiritualmente».

Sin la presencia del Espíritu Santo, la mente del incrédulo es hostil a Dios y ni siquiera es capaz de someterse a la ley de Dios (Ro 8.7). Esto se manifiesta a veces como una indiferencia pasiva, pero a menudo como una abierta oposición.

Como cristianos somos la fragancia de Cristo, tanto «...en los que se salvan, y en los que se pierden; a éstos ciertamente olor de muerte para muerte, y a aquéllos olor de vida para vida» (2 Co. 2.15-16). En otras palabras, por ser cristiano puede llegar a tener un olor desagradable para su pareja incrédula. Eso no es exactamente lo que se requiere para alcanzar la felicidad matrimonial.

¿De qué manera afecta un matrimonio de esta índole la relación entre esposos? Cuando conoció a Cristo, Dios derramó su propio amor en su corazón (Ro 5.5). Sin embargo, su cónyuge, por ser incrédulo, *no puede retribuirle igual*. Usted está por lo tanto en una situación en la que debe dar, y dar, y seguir dando, sin poder esperar que le sea dado el mismo afecto.

Las instrucciones de las escrituras en relación al matrimonio son las mismas, ya sea que su pareja sea creyente o no (Ef 5.22-31). Como esposo cristiano, debe amar a su esposa no creyente con el mismo amor sacrificial que Cristo tuvo por la iglesia. Sin embargo, estará intentando mantener el liderazgo espiritual de su hogar a pesar de que está casado con una mujer que no siente obligación alguna de respetar ese liderazgo ni de darle su respaldo emocional. Y si usted es una esposa cristiana, estará sometida al liderazgo de un hombre que no sigue a Dios y que posiblemente sea muy poco considerado hacia sus necesidades.

Las metas, prejuicios, perspectivas de un no creyente serán radicalmente distintas de las suyas. Quizás usted quiera que su esposo pase más tiempo con la familia, mientras que él se siente motivado a juntarse con los amigos a practicar tiro tres veces por semana. Usted quiere participar de un estudio bíblico para parejas, mientras que su esposa se siente incómoda con «esa gente». Usted desearía ser generosa en sus ofrendas a causas cristianas, pero su esposo prefiere comprar un lujoso juguete para los hijos. No hay nada en común; ni armonía, ni compañerismo, ni comunión, ni acuerdo.

Jo Berry, un autor cristiano, ha comparado este indeseable matrimonio a esas carreras de tres pies que se ven con frecuencia en las jiras, donde participan padres e hijos. Hombres altos y delgados corren con un pie atado al de su hijo de nueve o diez años, bajo y rellenito; es obvio que el dúo es desigual en tamaño, energía y capacidad. La carrera siempre resulta divertida, pero observe qué rápido se desatan apenas llegan; a ninguno se le ocurriría quedar unido de por vida. Sin embargo, ésa es la condición de un creyente casado con un no creyente: quedan desigualmente unidos en forma permanente.(1)

La mayoría de los pastores concuerdan en que este problema del yugo desigual es el que con más frecuencia tienen que tratar. A menudo nace del proceso del noviazgo y de las decisiones poco sabias realizadas en ese momento. Dos personas solteras no eran en ese momento capaces de percibir todo lo que implica un matrimonio a media, que nunca llega a ser lo que estaba pensado que fuera.

Si bien un matrimonio entre dos personas que conocen al Señor no está exento de problemas, hay a quien recurrir juntos cuando surgen los conflictos. Hay una fuente objetiva de verdad y de orientación, independiente de las opiniones y deseos de cada uno de los miembros de la pareja. ¡Qué privilegio es poder llevar *juntos* al Señor cada desacuerdo, cada contratiempo, cada crisis!

Las causas del problema

Si las consecuencias pueden llegar a ser tan devastadoras, ¿por qué es tan frecuente el problema? Hay al menos tres explicaciones al respecto.

En primer lugar, después de haberse casado dos inconversos, uno de ellos se convierte al cristianismo. No se trata en realidad de un noviazgo indiscriminado, porque en este caso dos personas en condición espiritual similar fueron atraídas mutuamente y se casaron. A menudo esta situación es más fácil de encarrilar porque el cónyuge incrédulo puede fácilmente observar los cambios en su pareja, y sentirse motivado a tomar en cuenta a Cristo.

A veces un creyente se casa con alguien al que realmente

consideraba creyente. Quizás su corazón quedó encendido antes de que su cerebro se iluminara, y quedó demasiado involucrado emocionalmente como para discernir el verdadero estado espiritual de su futura pareja.

En muchos casos, sin embargo, un cristiano empieza a salir con un inconverso, y cuando se enamoran ya no puede hacer a un lado su corazón. Lo que pensó que no sería mas que una salida casual lo conduce a desobedecer evidentemente uno de los principios bíblicos básicos acerca de las relaciones humanas. Todo comienza en una cita que no debió haber ocurrido nunca.

¿Ha pensado alguna vez que la elección que hace es una evidencia de su situación espiritual? Cuando un cristiano nuevo busca relacionarse con un no cristiano o con un creyente inactivo, lo que le falta es *discernimiento*. Sus antenas espirituales no detectan de inmediato las diferencias entre un creyente y un incrédulo, o aun entre un creyente consagrado y uno que no lo es.

A veces la elección la hace un creyente que está creciendo pero es *ingenuo*. Pasa por alto fácilmente los peligros y las repercusiones de sus relaciones. «El avisado ve el mal y se esconde; mas los simples pasan y llevan el daño» (Pr 27.12).

En el caso de los creyentes que a sabiendas y con toda intención salen con incrédulos, corresponde calificarlos como *rebeldes*. Hacen lo que quieren sin tomar en cuenta las consecuencias. En el Sal 68.6 leemos: «...los rebeldes habitan en tierra seca». Y no hay tierra más árida que un matrimonio espiritualmente mixto entre dos personas que tiran en direcciones opuestas.

Un caso a considerar

Cuando recién nos habíamos casado, Paula recibió una preocupante tarjeta de Navidad de parte de una chica a la que había ayudado a crecer en el cristianismo. Luisa era el tipo de persona a la que da gusto conducir a Cristo. Estudiaba, analizaba los hechos, los pensaba, y luego que hizo una clara decisión por Cristo, empezó a crecer sostenidamente... hasta que conoció a Roberto. Luisa le aseguró a Paula que se trataba de una relación puramente platónica, y que *no* tenía intención alguna de casarse con él. Todo lo que Luisa sabía acerca de su condición espiritual era que tenía «trasfondo cristiano».

Pero cuanto más conocía Luisa a Roberto, tanto más rápidamente declinaba su interés en las cosas espirituales, hasta que perdió totalmente el interés en el estudio bíblico. Paula no sabía muy bien qué había pasado con Luisa hasta que recibió esa tarjeta de Navidad, tres años más tarde. Luisa se había casado con Roberto, y a la luz de su actual relación conyugal, escribió: «Trato de enseñar en una clase para niños en la escuela dominical de una iglesia cercana, pero Roberto nunca va. A veces creo que está más cerca del ateísmo que del cristianismo».

Si tan sólo Paula le hubiera señalado a Luisa cuando conoció a Roberto que estaba iniciando un inevitable proceso que la llevaría a la declinación espiritual. Este proceso, como lo señala Scott Kirby en su libro *Dating* («Noviazgo»), empieza cuando se mira a un muchacho o una chica atractiva como un novio posible.(2) Eso ocurre a sabiendas o no, de su condición espiritual.

Racionalizando. Entonces usted realiza una gimnasia mental para convencerse a sí mismo y a otros que aquello que presiente es una equivocación, que va a resultar bien a la larga. La lista de los argumentos con que se racionaliza un noviazgo inadecuado es interminable.

«Sólo estoy saliendo; no tengo ninguna intención de casarme con él». Eso puede ser cierto, pero hay muchas personas que conocemos que han contradecido sus palabras.

«Sarita se crió en la Primera Iglesia. Alguien tan encantadora como ella tiene que ser cristiano». Quizás, pero hay muchas personas atractivas e íntegras que tienen trasfondo cristiano pero nunca han respondido personalmente al desafío de Cristo.

«Bueno, todavía no sé si es cristiano o cuán comprometido está. Después de todo, sólo hemos salido un par de veces». Cuando escucho este comentario, tengo que dar por sentado que uno de los dos estuvo con la boca cerrada, o el creyente está tan perdidamente enamorado que no sabe escuchar con cuidado. La conversación de una persona es indicadora de su estado espiritual. Si es cristiano, ¿cómo puede pasar tres o cuatro horas con alguien sin mencionar la persona alrededor de la cual gira su vida?

«No conozco muchos chicos cristianos. ¿Con quién pretende que salga?» Las chicas caen más fácilmente en la tentación de salir con un incrédulo o con un cristiano poco comprometido. Como tienen que esperar que las inviten, negarse a una invitación puede significar que pasen otra noche aburrida. En este sentido, los muchachos creyentes deben ser sensibles frente a la tentación con la que luchan muchas chicas. De vez en cuando, una propuesta de ir a ver un partido el viernes en la noche puede ser de mucha ayuda para superar la tentación de salir simplemente con cualquier muchacho.

La vida cristiana no ha sido diseñada para vivir en soledad: tanto los muchachos como las muchachas necesitan del estímulo del compañerismo de sus parejas. Si sus amigos más cercanos del sexo opuesto son incrédulos o creyentes poco comprometidos, debe salir de esos círculos y buscar nuevas amistades. (Quizás no se trate tanto de romper con los viejos amigos sino de agregar nuevos.)

«Quién sabe, quizás yo pueda testificarle». Si realmente quiere compartir a Cristo con ella, entonces preséntele a otra joven creyente para que lo haga. La mayor parte de las veces en que se comparte el evangelio entre personas de sexo opuesto, algo se pierde en la traducción. El mensaje tiende a oscurecerse por las motivaciones implícitas. ¿Está realmente interesada en conocer a Cristo, o es en usted en quien está interesada? Si realmente quiere testificarle de Cristo, puede hacerlo sin salir con ella.

Por supuesto que es posible llevar a esa persona a Cristo, o influenciar de tal modo la relación que él o ella deseen ser cristianos. Es posible que conozca alguna pareja en la que las cosas se hayan dado de esa manera. Pero en la mayoría de los casos, es el incrédulo el que ejerce la mayor influencia. El peligro es que usted sea arrastrado al nivel del incrédulo, como cuando se busca en una operación el mínimo común denominador.

Se rinde y sale. Usted empieza a pasar tiempo regularmente con esta persona. Es posible que sólo recuerde salidas ocasionales, sin que haya esperado que ocurriera mucho más que eso. Sin embargo, es poco probable que pueda continuar saliendo con esa persona, sin que la relación lo afecte de alguna manera.

Se enamora. Era predecible, lamentablemente. Es el paso lógico después de un tiempo. Uno puede enamorarse de muchas personas. Ray Short dice que esa emoción puede actuar como «una vacuna que nos inmuniza a percibir cualquier falta de la otra persona».(3) Uno no percibe el estado espiritual del otro. O puede convencerse de que tarde o temprano se hará cristiano y que la relación alcanzará esa dimensión adicional.

Debe elegir entre esa persona y Dios. Una mañana, una joven a la que mi esposa había ayudado en el estudio de la Biblia, llamó sorpresivamente por teléfono y preguntó si podía pasar por casa. Paula no había visto a Carla por más de un año, durante el cual al parecer había estado saliendo frecuentemente con un muchacho inconverso. Ahora se daba cuenta que estaba enamorada de él. Pensaba que estaba interesado en las cosas espirituales y que eventualmente llegaría a ser cristiano. El quería casarse al año siguiente.

Carla se sentía en una encrucijada, con una dolorosa decisión que hacer. Paula le explicó que no sabía cómo continuar la relación aferrándose a la esperanza de que él se haría cristiano. Aún si lo hacía, estaría años por detrás de ella en comprensión y madurez espiritual. El rostro de Carla reflejaba intenso conflicto cuando se marchó.

En esencia, cuando la relación alcanza ese punto, consciente o inconscientemente elegimos entre Dios y la otra persona. Scott Kirby advierte: «Si elige a Dios, se sentirá emocionalmente herido porque tiene que romper una relación.

Pero si elige a la otra persona, entonces se verá afectado espiritualmente porque está poniendo otra persona por encima de Dios».(4)

Rápida declinación espiritual. Cuando intencionalmente elige continuar una relación íntima con una persona incrédula, su corazón se vuelve frío e indiferente al Señor. Empieza a deslizarse hacia las viejas rendijas de su pasado no cristiano. Y como su relación carece de esa necesaria dimensión espiritual, puede llegar al compromiso físico. Su conciencia se siente violentada, se carga de culpa, y su progreso espiritual se frena abruptamente.

Es esta declinación espiritual la que motiva a Dios a advertirnos en contra del yugo desigual. El sabe que nuestro corazón se dejará arrastrar. En Dt 7.3-4, dice: «Y no emparentarás con ellas; no darás tu hija a su hijo, ni tomarás a su hija para tu hijo. Porque desviará a tu hijo de en pos de mí, y servirán a dioses ajenos; y el furor de Jehová se encenderá sobre vosotros, y te destruirá pronto». El Antiguo Testamento está lleno de ejemplos de la apostasía espiritual de Israel que fácilmente puede explicarse en conexión con la desobediencia a este mandamiento.

Mayor discernimiento

El proceso obvio que va de la racionalización a la declinación espiritual no necesita ocurrir en su vida. Simplemente no empiece a salir con alguien hasta no saber con seguridad si es un creyente comprometido. No dé por sentado su condición espiritual simplemente porque los dos sean miembros del mismo grupo juvenil o del grupo de solteros, o del grupo de estudio bíblico para universitarios. ¿Hay algo en sus conversaciones que le indique que él o ella tienen sed por conocer más de las Escrituras? Observe su estilo de vida. ¿Hay evidencia de que está disponible para Dios, que está dispuesto a hacer cualquier cosa que él le pida? Ore sobre la situación antes de levantar el teléfono o de aceptar una invitación.

¿Qué hacer si ya está comprometido en una relación, saliendo con alguien que no es creyente o que es un creyente poco comprometido? Aunque parezca duro, no puede sino ser honesto. Lo mejor que puede hacer es explicar la tensión que siente en su corazón.

Para estar realmente decidido a salir sólo con creyentes consagrados, debe estar convencido de que una cita puede eventualmente llegar al matrimonio, y que el matrimonio con un incrédulo o con un creyente inactivo no es lo mejor que Dios le puede dar. Un pastor africano advierte a los solteros de la congregación: «Cásese con ese incrédulo si lo desea, pero no aparezca por aquí, porque no me gusta ver a nadie cargando con un cadáver».(5) El noviazgo y el matrimonio con un incrédulo es cargar con un gran peso («muerto») que puede impedirle correr la carrera que tiene por delante, y fijar sus ojos en Jesús, el autor y perfeccionador de la fe (He 12.1-2).

Vuelva una vez más a 2 Co 6.14-18, donde se prohibe el yugo desigual. ¿Ha notado que hay una maravillosa promesa ligada a ese pasaje? «Y seré para vosotros por Padre, y vosotros me seréis hijos e hijas...» (v. 18). En otras palabras, él promete llenar su vida no importa cuán vacía sea su existencia. Como dice Is 30.18: «...el Señor los espera, para tener compasión de ustedes; él está ansioso por mostrarles su amor...» (VP).

Guía de estudio y aplicación — tarea individual

1. Haga una lista de amigos y conocidos cristianos que usted piensa que están saliendo con incrédulos. ¿Cómo son sus relaciones?

2. Haga una lista de amigos o conocidos que se han casado formando matrimonios espiritualmente mixtos; es decir, un creyente casado con un incrédulo o con un creyente inactivo. ¿Cómo son sus relaciones?

3. Lea 2 Corintios 6.14-18.
   a. ¿Cuáles son las diferencias entre un creyente y un no creyente?
   b. ¿Cuáles son las similitudes entre un creyente y un no creyente?

4. Puesto que es tan importante considerar este aspecto cuando se va a salir con alguien, ¿cómo determina si alguien es cristiano o no? Incluya en su respuesta referencias bíblicas.

5. En pp. 89-90 los autores dan tres explicaciones acerca de porqué se casan creyentes e inconversos.
   a. ¿Cuáles son esas razones?
   b. Revise sus experiencias de noviazgo. Si se hubiera casado con un inconverso con el que estuvo saliendo, ¿en cuál de estas categorías se hubiera ubicado?

6. Lea Deuteronomio 7.3-4. ¿Cuáles son las implicaciones de este pasaje en relación al noviazgo y el matrimonio en nuestro tiempo?

7. En la p. 94 los autores presentan algunos pasos para incrementar el discernimiento en esta área. Anote las indicaciones que se aplican a su situación y agregue sus propias ideas.

8. Muchas veces tenemos temor del futuro. Por eso nos

aferramos a cualquier noviazgo que se nos proponga. Anote algunas ideas que surgen de los siguientes versículos y que puedan aplicarse al noviazgo: Proverbios 3.5-6; Isaías 26.3; Mateo 6.33.

9. Ahora que ha leído el capítulo y ha contestado estas preguntas, ¿qué decisión toma respecto a salir con personas no creyentes? ¿Por qué ha tomado esa decisión?

Para memorizar: 2 Corintios 6.14.

Proyecto especial: Pregúntele a tres o cuatro amigos qué criterios utilizan para decidir con quién salir y con quién no. Anote sus respuestas y llévelas al estudio grupal.

Preguntas para trabajar en grupo

Pregunta 2: ¿Qué diferencias observa en un matrimonio mixto en el que uno de los dos se ha convertido al cristianismo después del casamiento?

Pregunta 3: ¿Cómo se aplica este pasaje al noviazgo y al matrimonio, y qué podría resultar de él?

Pregunta 4: ¿Cree que es posible que un creyente maduro se engañe respecto al estado espiritual del muchacho o la joven con que está saliendo? Si eso ocurre, ¿a qué se debe?

Pregunta 5: ¿Qué argumentos ha usado usted, o personas que usted conoce, para racionalizar una relación con incrédulos o creyentes no comprometidos?

Pregunta 6: ¿Puede recordar ejemplos del Antiguo Testamento de creyentes casados con incrédulos?

Pregunta 8: ¿Quién está más preocupado por su futuro, usted o Dios? ¿Cómo debiera afectar su vida esa convicción?

6
¿Por qué no?

Hornell Hart, profesor de la Universidad de Duke, solía decir a sus alumnos que la supervivencia de la raza humana dependía de tres factores; «(a) conseguir nuestro desayuno, (b) evitar ser el desayuno de otro, y (c) tener al menos un interés pasajero por el sexo».(1)

La mayoría de nosotros estaríamos dispuesto a admitir que el interés por el sexo es algo más que pasajero. Quizás le hayamos dado al sexo un lugar más importante del que merece. De acuerdo con algunas encuestas, la pareja norteamericana promedio dedica menos de media hora por semana a la actividad sexual. Si bien puede ser una actividad apasionada, quedan todavía 167 horas y media por semana para comunicarnos de otra manera. Seguramente debe haber un punto medio entre los ascetas que consideran que el sexo es degradante, y los hedonistas que toman el placer como el clímax de la vida.

Sexo como originalmente estaba previsto

Cuando la Biblia se refiere a la relación sexual, usa la palabra *conocer*: «Conoció Adán a su mujer Eva, la cual concibió...» (Gn 4.1). La relación sexual es un encuentro pleno de mente, cuerpo y espíritu, muy distinto del impulso puramente instintivo de los animales. «Por tanto, dejará el hombre a su padre y a su madre, y se unirá a su mujer, y serán una sola carne» (Gn 2.24). La palabra *unir* da la idea de aferrarse, de entremezclar totalmente la propia personalidad con la de la otra persona.

No cabe duda que el sexo fue dado para *placer* de dos personas consagradas, sin reservas a Dios y el uno al otro. Cuando supo que iba a concebir un hijo, Sara, la esposa de Abraham, dijo: «¿Después que he envejecido tendré deleite, siendo también mi señor ya viejo?» (Gn 18.12). C. S. Lewis señaló en cierta ocasión que el placer es invento de Dios, no del diablo.(2) No estaba refiriéndose al placer del «playboy», centrado en sí mismo, y que se agota en el momento, sino a una experiencia más profunda que sólo se encuentra en el contexto de la confianza.

La perspectiva cristiana del sexo también se articula en el valor que la Biblia asigna a nuestra corporalidad. Las antiguas filosofías griegas y posteriores herejías cristianas (el gnosticismo) sostenían la creencia de que el mundo físico (incluyendo nuestros cuerpos) era inherentemente malo y de poco valor en comparación con el alma y el espíritu. El cristianismo fue una ruptura radical con este enfoque. El cuerpo, lejos de ser malo, un día sería reunido nuevamente al alma y al espíritu, para vivir en estado de resurrección. En consecuencia, en tanto que los romanos incineraban a sus muertos, los cristianos los inhumaban.

Considere el impacto que habrá tenido la enseñanza de 1 Co 6.13, 18-20 en la gente de aquel tiempo:

> ...el cuerpo no es para la fornicación, sino para el Señor, y el Señor para el cuerpo. Huid de la fornicación. Cualquier otro pecado que el hombre cometa, está fuera del cuerpo; mas el

que fornica, contra su propio cuerpo peca. ¿O ignoráis que vuestro cuerpo es templo del Espíritu Santo, el cual está en vosotros, el cual tenéis de Dios, y que no sois vuestros? Porque habéis sido comprados por precio; glorificad, pues, a Dios en vuestro cuerpo y en vuestro espíritu, los cuales son de Dios.

La muerte de Cristo no sólo redimió nuestras almas sino también nuestros *cuerpos*, y en consecuencia no son nuestros para hacer lo que nos plazca. Sólo los cristianos pueden apreciar su sexualidad como un don de Dios, para ser usado para su gloria, mientras el mundo rinde honor a la diosa de la sensualidad.

La falsificación

Sir Rabindranath Tagore dijo en cierta ocasión: «Tengo sobre mi mesa una cuerda de violín. Está suelta. Tiro el extremo, y responde. Está libre. Pero no está libre para hacer lo que se supone que debe hacer un violín, es decir, producir música. De modo que la tomo, la coloco en mi violín y la ajusto hasta que está bien tirante. Sólo entonces es realmente libre para ser una cuerda de violín».(3) De la misma manera en que la cuerda de violín cumple la función que le estaba prevista, el placer sexual produce su música más dulce dentro de los límites del amor matrimonial.

Dios siempre ubica la libertad tras una verja protectora. Dentro de esos límites hay incontables posibilidades para la espontaneidad. Afuera se encuentra caos y perversión. «...pues la voluntad de Dios es vuestra santificación; que os apartéis de fornicación...» (1 Ts 4.3). La intención de Dios al poner un cerco alrededor del sexo no es disminuir el placer sino *proveerlo* y *protegerlo* para nuestro bien.

Es frecuente, aun entre creyentes, afirmar que el sexo prematrimonial es comprensible, y aun aceptable, en el caso de una pareja que proyecta casarse, como si una vez que se han incluido los factores del amor y el compromiso, las reglas cambiaran. Pero no hay cláusulas condicionales agregadas al mandamiento bíblico de evitar la inmoralidad sexual, o de no dejar que el lecho conyugal se mancille. Las repercusiones del sexo prematrimonial son las mismas, sea que la pareja planee casarse o no.

¿Recuerda las siguientes estrofas? «Abrázame por la mañana, luego vete. No tenemos mañana, pero tuvimos ayer». Estos versos pasan por alto el problema del sexo ilícito; *no se puede simplemente marchar*. No se puede vivir el placer sensual corporal desconectando los cables que van a la mente y a las emociones. El acto de un instante tiene efectos de largo alcance en su relación con Dios, en su personalidad, en su relación con otros.

Su relación con Dios

«Amados, yo os ruego como a extranjeros y peregrinos, que os abstengáis de los deseos carnales que batallan contra el alma...» (1 P 2.11). La sensualidad está en guerra con la salud de su alma. Dar entrada a la inmoralidad, permitir que los impulsos físicos dominen su vida, es hacer a un lado su relación con Dios. Sus oraciones rebotan en el aire, la fe se diluye, Dios parece estar a millones de kilómetros, hasta que esta área se coloca realmente bajo el control del Espíritu.

Pablo le da a Timoteo una instrucción concisa para que sea instrumento de Dios (2 Ti 2.14-23). Ubica su ruego de ser «instrumento para honra, santificado, útil al Señor...», entre dos mandamientos: «...evita profanas y vanas palabrerías...», y «Huye también de las pasiones juveniles...» Cualquiera de estas inclinaciones puede volver espiritualmente estéril a una persona, inútil para el Señor. Un estilo de vida que incluya esas deficiencias produce un cristiano camaleónico: habla y actúa de manera tan semejante al hombre natural que no se distingue uno del otro.

Su personalidad

Jeff, un compañero de deportes, vino a tomar un café conmigo hace poco. «¿Cómo está tu compañero de pieza? —le pregunté— Ese muchacho es creyente, ¿verdad?»

¿Por qué no?

—Es creyente —contestó Jeff—, pero ha estado tan deprimido porque lo abandonó su novia, que sus padres han venido a visitarlo con frecuencia. Tienen temor de que esté mostrando tendencias suicidas.

Quise saber porqué la ruptura con una novia había tenido efectos tan devastadores. En seguida salió a la luz la verdadera causa. El compañero de Jeff había tenido relaciones sexuales con su novia, y cuando ella rompió la relación, él se sintió totalmente rechazado. Su salud mental se vino abajo en picada.

La Dra. Mary Calderone tiene algunos puntos de vista que difieren de los nuestros. Sin embargo, su afirmación acerca del efecto de las relaciones prematrimoniales resulta apropiada:

> No hay manera de tener una relación sexual sin entremezclar una parte del ser no físico. El sexo es una experiencia tan decisiva que una parte de la persona queda para siempre en la otra. ¿Cuántas veces y con cuánto descuido está dispuesto a invertir una parte de sí mismo y a aceptar una inversión similar de la otra persona, sin ninguna garantía de que esa inversión se mantendrá? (4)

«...el que comete adulterio es falto de entendimiento; *corrompe su alma* el que tal hace» (Pr 6.32). En algún sentido sicológico, nuestro cuerpo y nuestro sentido de valor personal se vinculan entre sí. Cuando nos entregamos íntimamente a otra persona, entregamos parte de nuestra dignidad (el sentido de nobleza y honor que Dios nos ha otorgado). Cuando no recibimos a cambio algo significativo y duradero, sentimos que nuestra dignidad ha sido malgastada. En un sentido muy concreto, sentimos que hemos perdido una parte de nosotros mismos.

Su relación con los demás

Dentro del contexto del matrimonio, el sexo es el sello más íntimo del compromiso, una tierna expresión de la entrega total que une a dos personas. Fuera del matrimonio, el enfoque del sexo tiene el efecto contrario. El sexo se transforma en una piedra de tropiezo, en un obstáculo para el desarrollo de un amor maduro. Lo que estaba destinado a agregar vida y belleza a la relación, se transforma fuera del contexto del matrimonio, en el preludio de la despedida, por varias razones.

El sexo impide que se desarrollen otros aspectos de la relación. Si bien el sexo ofrece una vía directa de comunicación, que es muy fácil de aprender, no es más que la punta visible del «iceberg» de una buena relación. Cualquiera puede besar, pero no cualquiera puede mantener una conversación significativa. A menudo una relación que comienza en el plano de la atracción física nunca puede alcanzar una intimidad profunda en el plano mental y espiritual.

Quiéralo o no, *sus* propios músculos se van a aflojar, y tendrá la sorpresa de ver cambios en su cuerpo, ¡y todo más rápido de lo que se imagina! Si alguien se siente atraído a usted básicamente por lo que resulta agradable a los sentidos, ¿qué futuro le espera a la relación? La tierna intención de Dios es la da reemplazar algunos de sus atractivos físicos por una más profunda belleza interior. A medida que Dios desarrolle esas cualidades profundas del carácter, su matrimonio irá madurando, y no solamente perdurando. De modo que es mejor que piense por anticipado cuáles van a ser, a la larga, los aspectos más importantes de su relación.

La sensualidad también obstaculiza la sensibilidad. A menudo tratamos de resolver conflictos con un abrazo o un beso, o más que eso, en lugar de desarrollar la habilidad de hablar y orar acerca de los problemas. En el matrimonio, este hábito es como poner un vendaje en un hueso roto, dejando que las heridas se ulceren y quizás nunca lleguen a curarse.

Las cualidades que mantienen unida una relación: confianza, honestidad, apertura, profunda amistad, intimidad espiritual, se desarrollan con tiempo y esfuerzo. Cuando se enfoca primordialmente el aspecto físico, se corta ese circuito. La intimidad física es un intento equivocado de construir rápidamente puentes emocionales, pero las relaciones construidas sobre un fundamento tan poco adecuado finalmente terminan por colapsarse. La atracción física no es un adhesivo suficiente con el cual construir o mantener una relación duradera.

El sexo introduce el temor y la culpa en la relación. La intimidad prematrimonial produce culpa porque Dios nos ha hecho de tal modo que sabemos que al hacerlo hemos violado sus intenciones. «Honroso sea en todos el matrimonio, y el lecho sin mancilla; pero a los fornicarios y a los adúlteros los juzgará Dios» (He 13.4). Sea que el ofensor reconozca o no las leyes de Dios, se siente culpable porque *es* culpable ante un Dios santo. Como dice el Dr. Joe Aldrich: «No hay profiláctico que proteja la conciencia».

¿Recuerda el perro de Pavlov, que aprendió a asociar la campanilla con la comida? Cada vez que oía el sonido, segregaba saliva anticipando la comida. El sexo prematrimonial produce una asociación entre la intimidad física, la culpa, el remordimiento y el temor (temor al embarazo, temor a ser «descubiertos»). Este círculo de sensaciones poco saludables, llevado al contexto del matrimonio, es la principal causa de frigidez, impotencia y desajuste sexual.

El sexo establece una base de desconfianza y falta de respeto. El amor maduro se construye sobre la seguridad de saber que su amor es exclusivo. No hay nadie más. La intimidad prematrimonial quiebra este cimiento de confianza, porque uno se pregunta: «Si tiene poco control cuando está conmigo, quizás yo no sea la única. Quizás hubo otras antes que yo». A medida que crece la sospecha y la desconfianza, se pierde lentamente el respeto del otro.

El sexo lleva a comparar una persona con otras. Un joven esposo admitió que su relación con su esposa no era lo que él hubiera esperado que fuese. «Es realmente culpa mía —admitió—. Antes de que nos casáramos tuve relaciones con varias amigas. Ahora, cada vez que beso a mi esposa o iniciamos un juego sexual, mi memoria me hace recordar que aquella chica besaba mejor que mi esposa, o que aquella otra era mejor en tal otra cosa. No puedo concentrarme en amar a mi mujer plenamente; ha habido demasiadas mujeres en mi vida como para estar plenamente consagrado a una».

Dios puede redimir esta situación, pero, ¿por qué no elegir una vida de pureza que nos permita entregarnos de todo corazón a una sola persona?

El sexo hace pensar que hay verdadero amor. Los estudios muestran que una relación basada en la atracción física puede mantenerse unida de tres a cinco años. Durante ese período de tiempo dos personas se engañan pensando: «Bueno, si ya nos hemos mantenido juntos durante este tiempo, seguro que podemos continuar de por vida. Esto debe ser amor». Pero al entrar en la relación matrimonial, se despiertan a la realidad de que tienen muy poco en común y que no han construido base alguna para una relación significativa.

Si lo que siente no es más que ilusión, se evaporará tan rápido como apareció. El verdadero amor resiste la prueba del tiempo; es suficientemente fuerte como para sostenerse sin el respaldo de la intimidad física. Sin embargo, si se establece una relación sexual mutuamente satisfactoria, se pierde objetividad y se distorsiona la prueba del tiempo. La única manera de decidir con inteligencia si el amor que sienten es duradero, es dejar a un lado toda preocupación por el amor sexual y erótico. De otra manera, puede casarse con un espejismo, y no con una persona a la que realmente conoce.

Los hechos están en su contra. En su libro *Sex, Love, or Infatuation: How Can I Really Know?* («Sexo, amor o enamoramiento, ¿cómo puedo saberlo?»), Ray Short enumera algunos hechos bien conocidos y comprobados acerca de los posibles efectos del sexo prematrimonial en la relación conyugal:(5)

(1) «El sexo prematrimonial tiende a romper una pareja antes de que lleguen al matrimonio».
(2) «Muchos hombres no quieren casarse con una mujer que ya ha tenido relación con otro hombre». El extraño razonamiento parece ser el siguiente: «Está bien que yo tenga relaciones con la chica con la que luego te casarás *tú*, pero no está bien que tú tengas relaciones con la chica con la que luego me voy a casar *yo*».

(3) «Los que tienen relaciones sexuales prematrimoniales tienden a tener matrimonios menos felices». Como mencioné antes, la relación física es un fundamento inadecuado para construir una relación duradera.
(4) «Es muy probable que los que tienen relaciones prematrimoniales terminen en divorcio».
(5) «Las personas y las parejas que han tenido relaciones prematrimoniales son más propensas a tener relaciones extramatrimoniales también». Esto es especialmente cierto respecto a las mujeres; aquellas que han tenido relaciones sexuales antes del matrimonio duplican en número de romances extramatrimoniales a las que no han tenido sexo antes del matrimonio.
(6) «La relación prematrimonial puede engañarlo y llevarlo a casarse con una persona que no es adecuada para usted... El sexo puede cegarlo».
(7) «Las personas o parejas que han tenido experiencias sexuales prematrimoniales parecen encontrar más fácilmente la satisfacción sexual cuando se casan. Sin embargo, tienden a sentirse menos satisfechos luego con su vida sexual durante el matrimonio». Parece como si sus experiencias prematrimoniales se levantaran a menudo a perseguirlos.

No hay ninguna base razonable que permita aceptar el sexo prematrimonial. Dios nos da sus mandamientos porque nos conoce demasiado bien, y sólo él sabe lo que es mejor para nosotros. John White reconoce que «los seres humanos distorsionamos las Escrituras porque no nos gusta lo que dice, no porque hayamos encontrado una ética superior».(6) Como dice Juan 3.19: «...los hombres amaron más las tinieblas que la luz, porque sus obras eran malas».

A los ojos del mundo, su elección de una vida pura puede parecer anticuada, pero los hechos que respaldan su opción están a su favor. Considere su sexualidad como un regalo de Dios, cuya tarjeta expresa: «Para disfrutarlo mejor, no abrir antes del matrimonio».

Guía de estudio y aplicación — tarea individual

1. Lea Génesis 2.18-24. ¿Cuál es la actitud de Dios y su propósito en relación al sexo?
2. Lea 1 Corintios 6.12-20.
   a. ¿Cuál es la relación entre el cuerpo de un creyente y el Señor?
   b. ¿Por qué debe huir el cristiano de la inmoralidad?
3. De acuerdo con estos versículos, señale qué efecto tiene sobre nuestra relación con Dios el hecho de que sigamos nuestras pasiones: Salmos 66.18; Isaías 59.2; Efesios 5.5-6; Hebreos 13.4.
4. ¿En qué forma ha estado siguiendo sus propias pasiones?
5. De acuerdo a Proverbios 5.3-6 y 6.32, ¿cuáles son algunos de los efectos de las relaciones sexuales pre y extramatrimoniales?
6. Lea Romanos 13.14, Efesios 5.3, 2 Timoteo 2.22, 1 Pedro 1.14, y 1 Pedro 4.2-3. ¿Cómo debe responder el cristiano a la lujuria, o a la tentación inmoral?
7. Muchas personas han tenido experiencias sexuales prematrimoniales, señaladas en la Biblia como pecado. Sin embargo, Dios da su gracia y su perdón a los que han vuelto a él. Lea Salmos 51.1-4, donde se presenta la confesión de David después de haber pecado con Betsabé.
   a. ¿Contra quién pecó realmente David?
   b. ¿Qué pidió David a Dios?
   c. En el v. 15, ¿qué resolvió hacer David después que había sido perdonado?
8. ¿Cuál es la decisión más importante que puede hacer para su vida personal en este momento, en relación con la pureza sexual?

Para memorizar: Efesios 5.3

Proyecto especial: Haga una lista de sus normas respecto al aspecto físico en su noviazgo. Incluya referencias bíblicas.

Preguntas para trabajar en grupo

Pregunta 1: ¿Tienen a veces los cristianos actitudes hacia el sexo que no sean compatibles con la perspectiva de Dios? ¿Cuáles son algunas de esas actitudes?

Pregunta 2: ¿Cómo definiría la palabra *inmoralidad* en el sentido que se usa en este pasaje? ¿Qué es lo opuesto de la inmoralidad, según se establece en 1 Tesalonicenses 4.3-5? Lea también los vv. 6-8. ¿Por qué nos ha llamado Dios? ¿Cómo se aplica este pasaje al noviazgo?

Pregunta 3: ¿Cómo definiría la lujuria? ¿Cómo se puede manifestar, además del sexo?

Pregunta 5: Dos pasajes más para leer son Proverbios 2.16-19 y 9.13-18. En las pp. 102-107 los autores enumeran algunas de las consecuencias negativas del sexo prematrimonial. ¿Cómo pueden compararse con los pasajes de Proverbios? ¿Cuáles son algunas de las características de hombres y mujeres que tienen experiencias sexuales pre y extramatrimoniales?

Pregunta 6: ¿Qué significa la expresión: «...vestíos del Señor Jesucristo, y no proveáis para los deseos de la carne» (Romanos 13.14) ¿Por qué huir de las pasiones juveniles, como se ordena en 2 Timoteo 2.22?

Pregunta 7: ¿Cómo piensa que se sintió David antes y después de pedir el perdón de Dios? ¿Cómo puede usted pedir y recibir perdón?

7
La castidad en un mundo erótico

Alberto irrumpió en la oficina del pastor, nervioso y preso de la ansiedad, abruptamente le expuso su problema. «Graciela y yo hemos venido pensando y orando acerca de la posibilidad de casarnos. Sin embargo, recientemente nos permitimos avanzar mucho más sexualmente de lo que cualquiera de los dos hubiera deseado. Siento que la he violado, y me pregunto si debemos seguir adelante con nuestro proyecto de casarnos».

Como los conocía a ambos, el pastor le preguntó cómo habían llegado a esa situación. «Sé que tanto tú como Graciela entienden porqué Dios reservó el sexo para el matrimonio. ¿Cómo es que la relación avanzó hasta este punto?»

Alberto sacudió la cabeza y explicó: «No estoy muy seguro, pastor. Simplemente nunca pensamos que esto nos ocurriría a nosotros».

La mayoría de nosotros está familiarizado con las consecuencias de la intimidad prematrimonial. Pero el conocimiento por sí mismo no es motivación suficiente para mantener la pureza sexual. A menudo nuestro problema es la falta de *realismo*, un abismo entre la verdad que conocemos y la verdad que vivimos a diario en nuestras vidas. Este capítulo es el puente entre los principios que quizás ya conoce, y su aplicación concreta.

Cómo canalizar los deseos sexuales

No se puede simplemente negar o desconocer nuestra sexualidad, aun si quisiéramos hacerlo. Pero sí se puede mantener sujeta. «Que cada uno de vosotros sepa poseer su cuerpo con santidad y honor; y no dominado por la pasión, como hacen los gentiles que no conocen a Dios» (1 T 4.4-5, Biblia de Jerusalén). La palabra clave del cristiano es *control*.

En la mayoría de las personas, el dominio que tienen de sus deseos sexuales es un reflejo del control que tienen sobre otros aspectos de su vida: los hábitos devocionales, el manejo del dinero, el uso del tiempo, por mencionar sólo algunos. ¿Puede decidir hacer lo que sabe que es correcto, independientemente de cómo se siente, o es usted un esclavo de sus impulsos? ¿Puede postergar la gratificación de sus deseos?

La necesidad de autocontrol afecta tantas áreas de su vida que la falta de control nos puede tornar virtualmente inútiles para el Señor. Pablo dijo: «...golpeo mi cuerpo, y lo pongo en servidumbre, no sea que habiendo sido heraldo para otros, yo mismo venga a ser eliminado» (1 Co 9.27). Pedro agrega: «Porque el que es vencido por alguno es hecho esclavo del que lo venció» (2 P 2.19).

Como cristianos, nuestras vidas son como un tren que corre por dos vías; una vía representa la vida en el Espíritu, mientras que la otra representa la vida de la carne. El tren no puede correr simultáneamente por ambas vías. La pregunta es: ¿Hacia *cuál* movemos la palanca de control? Cuando opta por dejar que el impulso espiritual lo domine y lo mueva, el deseo de la carne se adormece. Su tren correrá en el poder del Espíritu, exhibiendo el fruto del Espíritu que es el autocontrol. Momento a momento, usted debe decidir hacia cuál de las vías se va a inclinar.

El impulso que sea más atendido será el que más lo controle. Si usted sabe que determinados amigos, libros, discos, actividades o vestimenta estimulan sus impulsos físicos, aléjese de esas influencias. Si usted reconoce que la Palabra de Dios y la genuina comunión cristiana activan el poder del Espíritu, entonces cultive esos hábitos y verá cómo se afirma y florece el autocontrol.

Abstinencia sexual

¿Es posible controlar el deseo sexual, vivir en pureza y no sentir conflicto? John White, en *Eros Defiled* («Eros y el pecado sexual»), se refiere a este estado como un «ayuno sexual», y lo compara con la abstinencia de la comida.

> Las personas que pasan hambre pueden encontrarse en una de dos situaciones. Algunos viven el hambre como una tortura. Luchan, roban, y hasta matan por obtener comida. Otros en cambio, no sienten hambre en absoluto.
>
> Todo depende de la actitud (o manera de pensar) de la persona hambrienta. Por ejemplo, si decido voluntariamente hacer ayuno, durante unos días sentiré hambre y luego ocurrirá una extraña falta de sensación de hambre. Si, en cambio, yo no tengo deseo alguno de ayunar y me privan de la comida, me pasaré los días imaginándola, y las noches soñando con ella. Mi sensación de hambre se volverá intolerable.(1)

De la misma manera, la persona soltera que decide abstenerse del placer sensual también puede encontrar esa ausencia de conflicto, esa perfecta paz, mientras que su hermano o hermana de actitud inestable se sienten derrotados. El factor decisivo es la actitud mental.

¿Qué ocurre con toda esa energía sexual no utilizada? Se vuelve a canalizar como energía creativa en otras áreas de nuestra vida. Nuestra energía sexual se *sublima*. En la definición del diccionario, en sentido sicológico *sublimar* es el «mecanismo por el cual los impulsos interiores que generan conflictos son separados de su objetivo inicial y orientados hacia fines más conformes con las normas sociales».(2) Dios sublima su apetito sexual normal, y produce nuevo ímpetu y creatividad en otras áreas.

El principio de la sublimación ha sido largamente aceptado en una amplia escala social. J. D. Unwin, un reconocido sociólogo de la Universidad de Cambridge, comprobó por medio del estudio de ochenta sociedades primitivas y modernas, que había una correlación invariable entre el grado de control sexual y el ritmo de progreso social. «Las culturas más permisivas sexualmente, mostraban menos energía cultural, creatividad, desarrollo intelectual, individualidad, y un ascenso cultural general más lento».(3)

Arnold Toynbee, el destacado estudioso de la historia de la humanidad, creía que una cultura que pospone la experiencia sexual de los adultos jóvenes tiende a progresar más. En un estudio que prolongaron durante toda su vida, Will y Ariel Durant declararon que el sexo juvenil «es un río de fuego que debe ser detenido y apagado por un sinnúmero de controles, sino puede consumir tanto al individuo como al grupo».(4)

El noviazgo con una perspectiva de pureza

Rosalie de Rosset escribe:

No se suele aplaudir a las personas solteras sexualmente controladas. Con demasiada frecuencia, el reconocimiento que se les brinda está condimentado con lástima en grano, o con polvo de condescendencia. Es una ironía que se estimule y admire la disciplina y el autocontrol en el estudio, en el atletismo, en la música y en el servicio, mientras no ocurre lo mismo en el área sexual. El mito secular se ha infiltrado en la conciencia cristiana, asegurándonos que nuestros impulsos sexuales son incontenibles e irresistibles. Llegará el momento en que «no podamos evitar» hacerlo, o en que la «locura» nos domine, o «sea más fuerte que nosotros». *Resistir* esa locura se considera en cierto modo una inadecuada comprensión de la sexualidad, que si no se declara abiertamente, está latente en forma subconsciente.(5)

Es fácil que los cristianos se pregunten si la victoria en el área de la pureza sexual es realmente posible en una cultura sobre estimulada sexualmente como la nuestra. Pero considere por un momento la sociedad cristiana del primer siglo cuando se introdujo el evangelio. Corinto era el equivalente de las modernas mecas de la sensualidad; era el centro del culto a Afrodita, la diosa de la fertilidad. La gente joven estaba orientada para la prostitución en el templo. La cultura hedonística unía dos de los más fuertes impulsos humanos, la adoración y el sexo, en un mismo acto de perversión.

Esta información explica la fuerza de 1 Co 10.13: «No os ha sobrevenido ninguna tentación que no sea humana; pero fiel es Dios, que no os dejará ser tentados más de lo que podéis resistir, sino que dará también juntamente con la tentación la salida, para que podáis soportar». Si Dios le ofreció victoria y liberación a esa gente, seguro que también puede hacer lo mismo por nosotros.

La Biblia nos dice que «...las cosas que se escribieron antes, para nuestra enseñanza se escribieron, a fin de que por la paciencia y la consolación de las Escrituras, tengamos esperanza» (Ro 15.4). La única esperanza de una actitud mental pura reside en un alimento regular de la Palabra.

Imagine su vida como la cumbre de una montaña en la que cae la lluvia. A medida que el agua se escurre se forman arroyuelos, que representan los hábitos sensuales de nuestra vida. Eventualmente algunos arroyuelos marcan profundas cárcavas. Cuando saturamos nuestra mente con la Palabra de Dios, él puede controlar el curso del agua. Lentamente, pero no por eso menos dramáticamente, él usa su palabra para reorientar los riachuelos de nuestra vida.

Tim LaHaye afirma que «el adulterio mental probablemente haya producido más derrotas a hombres sinceros que cualquier otro pecado tomado en particular».(6) Como la lujuria es un pecado privado, parece aceptable el desarrollo de sueños mentalmente sensuales. Pero esa es la astuta táctica de Satanás para establecer su dominio en nuestra vida mental, lo que luego da a luz el pecado, que ya no es tan privado. Satanás se propone destruirlo, y su campo de batalla favorito es su mente. Debemos revestirnos del «Señor Jesucristo, y no proveer para los deseos de la carne» (Ro 13.14).

La victoria sobre la lujuria se resume en tres palabras: «Resiste el principio». Como dice 2 Co 10.5: «...llevando cautivo todo pensamiento a la obediencia a Cristo...» Deje que esa primera insinuación a la tentación sea un trampolín a la oración: «Gracias, Señor, por haberme dado deseos físicos normales y sanos. Pero ayúdame a no entretenerme con ellos sino a concentrarme en tí».

¿Quiere decir esto que puede un día despertarse y descubrir que está total y definitivamente libre de los pensamientos impuros y de los deseos sensuales conflictivos? Dios generalmente no elimina los deseos físicos. La victoria es sencilla y no es imposible. La pregunta que debe hacerse es: ¿Estoy progresando?

Observe que la advertencia de «huir de las pasiones juveniles» está seguida por el consejo de seguir «la justicia, la fe, el amor y la paz» (2 Ti 2.22). Dios no nos da una orden en el vacío; no se trata solamente de alejarnos del pecado, sino también de buscar un sustituto positivo. A medida que llenemos nuestra mente y nuestro tiempo con sus prioridades, disminuyen nuestras posibilidades de sucumbir a la tentación sexual que nos rodea por todos lados.

El noviazgo y un estilo de vida de pureza

Una persona que mantiene elevadas pautas de pureza resulta un anacronismo, aún en los círculos cristianos. Una amiga nuestra se sintió entusiasmada cuando un muchacho de su clase de Escuela Dominical la invitó a salir. Salieron una media docena de veces, pero cuando Marcela le dijo que quería mantener la relación libre del compromiso físico, él no volvió a invitarla más. En cierto sentido, Marcela sintió que era mejor no encender el auto que tener que hacer marcha atrás. Analicemos su punto de vista.

Los vendedores de fruta recorren nuestro vecindario trayendo camiones de frutas frescas desde California. Pero mi esposa actúa con prudencia: sabe que puede comprar la misma fruta más barata en el almacén.

Sin embargo, en una ocasión, la historia resultó distinta. Antes de que Paula pudiera pronunciar palabra, el vendedor le dijo: «*Pruebe* esta naranja». Ella consintió y cinco minutos después lo siguió hasta el camión, con el dinero en la mano. Más tarde le pregunté que porqué había comprado tantas naranjas esa semana. Me contestó tímidamente: «Sé que no eran las más baratas, querido, pero después que la probé no pude resistir».

El hecho es que en el campo sexual, pocos de nosotros tenemos el necesario autocontrol para probar el placer sensual y luego retroceder. Al igual que mi esposa, nos descubrimos comprando frutas que nunca hubiéramos pensado comprar.

Elaborando sus propias conclusiones

Quizás le gustaría que alguien le estableciera los límites del contacto físico permitido; por ejemplo: «tenerla de la mano y darle un beso en la parte alta de la mejilla está bien; más que eso es pecado». O tal vez: «Siempre que se mantenga por encima de la mandíbula y por debajo de la rodilla, estará seguro».

Quizás le sería más fácil si pudiéramos trazarle la línea. Pero después, cuando esté en la penumbra y la música se ponga romántica, le será muy fácil hacer a un lado nuestras opiniones. Si usted elabora sus propias pautas a partir de convicciones personales, por la reflexión y la oración, no podrá ignorar tan fácilmente su conciencia.

Como expresa Alice Fryling: «En la sociedad contemporánea, no se trata de que el cristiano vea cuánto puede acercarse al borde sin caerse, sino con cuánta prudencia puede andar para evitar el peligro potencial».(7) Lo que lo lleve al límite puede ser algo tan simple como tomarse de las manos; para otro, el límite puede estar en algo más íntimo. Usted es quien debe decidir.

En teoría, muchas personas sienten que cualquier actividad que no llegue al acto sexual propiamente dicho, es natural y debe esperarse en el curso de un noviazgo. Pero semejante presuposición pasa por alto la forma en que Dios nos ha creado.

En primer lugar, nuestras «computadoras sexuales» no están programadas para operar conectando e interrumpiendo, arrancando y parando. La intimidad física está diseñada para continuar hasta alcanzar el acto sexual. Si cultivan el hábito de tocarse y acariciarse, no sólo está permitiendo que el área física domine la relación, sino que puede producir un cortocircuito en su capacidad para responder naturalmente al sexo dentro del matrimonio. Se puede detener el motor en el momento en que debe alcanzar máxima velocidad.

En segundo lugar, Dios no tenía la intención de que participáramos continuamente de una intimidad física que nos dejara insatisfechos. Algunos le llaman a esto «el afecto dominó en el amor». Con cada contacto, el deseo se acrecienta, pero disminuye la emoción de esa caricia en particular. En otras palabras, si realmente ha disfrutado besando, la próxima vez va a querer más que eso.

Algunos detalles prácticos

Entre cristianos, el noviazgo es un contrato. Dios nos hace responsables de guardar inmaculada su imagen en la otra persona. Hasta donde podamos, debemos preservar los valores y el sentido de dignidad de la otra persona. Esta es la piedra fundamental sobre la cual agregamos a continuación otras sugerencias.

Wayne Wright ha dicho sabiamente: «La mejor ayuda

contra la inmoralidad es la geografía». Esto no significa que haya que mudarse a otra provincia, pero sí que si planifica por anticipado cómo evitar situaciones comprometedoras y si escapa de las que no había previsto, no correrá el riesgo de encontrarse pronunciando luego las mismas palabras que Roberto y Graciela: «Simplemente nunca pensamos que esto podría pasarnos a nosotros». Establezca sus pautas de antemano, y luego *converse sobre ellas*, si es que presiente que podría haber algún desacuerdo entre ustedes. Eso agregará enorme libertad a la relación y les evitará a ambos muchos momentos incómodos y absurdos.

Una situación especial de la que hay que cuidarse es la de pasar tiempo solos, en un departamento o en un dormitorio. Pueden tener inicialmente las más puras intenciones, pero el hecho de que dos personas estén solas en un dormitorio da lugar a caer. Muchas parejas que nunca habían pensado «llegar a eso» podrían dar testimonio de que éste fue el principio básico que pasaron por alto.

Valore la actividad compartida y la conversación. Como escribió John Powell: «El éxito o el fracaso en las relaciones humanas está determinado primordialmente por el éxito o el fracaso en la comunicación».(8) Dios no los está privando en absoluto cuando «demora» el aspecto físico de la relación. Les está dando la libertad necesaria para desarrollar el arte que van a seguir refinando durante la mayor parte de su vida: la comunicación.

Finalmente, deje que este versículo sea el lema de su noviazgo: «...hacedlo todo para la gloria de Dios» (1 Co 10.31). Si van al cine, elijan una película que los estimule mentalmente, que les permita mayor discernimiento, *para gloria de Dios*. Si juegan al tenis de mesa y comen maní, disfrútenlo al máximo, para que retornen descansados y con entusiasmo a lo que Dios los ha llamado a hacer, *para su gloria*. Si el tiempo que comparten los deja enriquecidos, estimulados, relajados; y el Señor se glorifica, entonces es un tiempo bien aprovechado.

Empiece ahora mismo con la hoja en limpio

Un informe publicado recientemente por el Instituto Alan Guttmacher revela que la edad promedio de la primera experiencia sexual de los chicos y las chicas es a los dieciséis años. Sólo dos de cada diez muchachos y tres de cada diez chicas no han tenido relaciones sexuales a los diecinueve años. Si es así, hay muchos jóvenes, incluyendo los cristianos, que necesitan empezar de nuevo con el Señor. En un sentido es cierto que la vida cristiana plantea pautas difíciles: acciones correctas que surgen de pensamientos correctos. En alguna medida, por pensamiento o por acción, todos hemos fallado a la prescripción de Dios para una vida sexual pura.

Existe actualmente la tendencia de tratar una conciencia culpable simplemente pretendiendo disminuir o negar la validez del modelo de Dios para la pureza sexual («Nadie puede vivir una vida sexual pura en un mundo como éste»). Sin embargo, disminuir o negar los principios de Dios no sólo empeora la culpa en nuestra conciencia, sino que ofende su santidad. La intención de Dios es que reconozcamos sus pautas para nuestra vida, y que busquemos su perdón en Cristo cuando fallamos.

Para algunos, ésta puede ser la sección más importante del libro. Si tiene un trasfondo de inmoralidad, y aún no ha bebido profundamente en el manantial del perdón de Dios, su pasado será como un lazo alrededor del cuello que amenaza ahogar su vida espiritual. Recuerde lo que Pablo le dijo a Timoteo: «Pues el propósito de este mandamiento es el amor nacido de corazón limpio, y de *buena conciencia*, y de fe no fingida» (1 Ti 1.5).

No hay pecado que haya cometido que Dios no pueda perdonar. Tres de las mujeres mencionadas en la genealogía de Cristo (Mt 1.1-16) estuvieron involucradas en evidente pecado sexual. Eran socialmente inaceptables, y sin embargo Dios las incluyó en la ascendencia de nuestro Señor. Dios se ocupa de perdonar y transformar pecadores, lo cual nos incluye a todos.

«Cuanto está lejos el oriente del occidente, hizo alejar de nosotros nuestras rebeliones» (Sal 103.12). «Yo, yo soy el que borro tus rebeliones por amor de mí mismo, y no me acordaré de tus pecados» (Is 43.25). El perdón de Cristo es completo e irrevocable para cualquier persona que está en Cristo.

Considere las palabras de He 9.13-14.

> Porque si la sangre de los toros y de los machos cabríos, y las cenizas de la becerra rociadas a los inmundos, santifican para la purificación de la carne, ¿cuánto más la sangre de Cristo, el cual mediante el Espíritu eterno se ofreció a sí mismo sin mancha a Dios, limpiará vuestras conciencias de obras muertas para que sirváis al Dios vivo?

Si se niega a aceptar el perdón de Dios, está declarando que la sangre de Cristo es insuficiente para cubrir su pecado, y que debe agregar algo a su penitencia. Sólo aumenta su pecado cuando no acepta con gratitud el perdón que Cristo compró con su sangre.

Si la incapacidad de sentirse perdonado respecto al pasado es un problema serio para usted, permítanos ofrecer algunos pasos que nos sugirió un consejero que ha ayudado a muchas personas a encontrar el camino en el laberinto de la culpa.

Arrepentimiento total

Pídale a Dios que traiga a su memoria todo aquello que lo acecha en la actualidad y que significó una violación a sus principios y mandamientos. Haga una lista de todo lo que venga a su mente.

Tome tiempo para orar acerca de todo lo que figura en la lista, quizás de esta manera: «Señor, realmente quiero dar la espalda a mi pasado. Sé que hice lo malo y quiero ser libre de volver a caer preso de alguno de estos pecados. Padre, gracias porque la sangre de Cristo cubre mis pecados, aun éstos. Gracias porque puedo quedar libre para siempre de esas ataduras».

Rompa la lista y tírela, mientras agradece a Dios por haberlo redimido de su pasado.

...como hijos obedientes, no os conforméis a los deseos que antes teníais estando en vuestra ignorancia; ...sabiendo que fuisteis rescatados de vuestra vana manera de vivir, la cual recibisteis de vuestros padres, no con cosas corruptibles, como oro o plata, sino con la sangre preciosa de Cristo, como de un cordero sin mancha y sin contaminación... (1 P 1.14, 18-19).

Completa inmersión

En las próximas semanas y meses sumérjase en la doctrina del amor, la gracia, y la misericordia de Dios. Llene su mente con las Escrituras mediante el estudio bíblico, la memorización de versículos, la meditación, escogiendo versículos y pasajes que le anuncian el perdón y la aceptación de Dios.

Completa transparencia

Muchas personas sienten que este paso es innecesario si ya han dado los dos primeros. Sin embargo, si usted siente que Satanás sigue molestándolo con sentimientos de culpa de los que no se puede librar, entonces sería aconsejable que se sincere con una persona mayor, madura en la fe, y capaz de aceptarlo y aconsejarlo. Este paso se basa en el principio escritural de Stg 5.16: «Confesaos vuestras ofensas unos a otros, y orad unos por otros, para que seáis sanados». Si bien la transparencia siempre implica un riesgo, Dios a veces usa otra persona como un espejo de su amor, de su aceptación y perdón, y de esa manera sana nuestras heridas del pasado.

En algún momento, usted debe dejar el pasado en el pasado, y seguir adelante. El apóstol Pablo era culpable de la persecución de muchos cristianos, y había sido testigo pasivo del martirio de Esteban. Sus palabras nacen de una dolorosa experiencia cuando escribe: «...olvidando ciertamente lo que queda atrás, y extendiéndome a lo que está delante, prosigo a la meta, al premio del supremo llamamiento de Dios en Cristo Jesús» (Fil 3.13-14).

Falta solamente que usted ofrezca su cuerpo a Dios como sacrificio santo y vivo, como un acto de adoración espiritual (Ro 12.1). Dios tomará esa masa deforme de arcilla, redimida por la sangre del Cordero inmaculado, y la transformará en una vasija honrosa. Su cuerpo y su vida, sostenidos en la pureza que él había proyectado, pueden llegar a ser un reflejo de la persona de Jesucristo, una demostración de su gloria.

Guía de estudio y aplicación — tarea individual

1. La voluntad de Dios respecto a nuestros cuerpos es muy clara para los creyentes. Lea 1 Tesalonicenses 4.3-8.
   a. ¿Qué debemos hacer?
   b. ¿Qué no debemos hacer?
   c. Según la voluntad de Dios, ¿cómo debe ser la relación de noviazgo entre dos creyentes?

2. Lea Santiago 1.13-15. Describa el curso del pecado.

3. Basándose en Lucas 6.45, ¿cómo podemos evaluar nuestros pensamientos?

4. ¿Cómo hacemos para cambiar nuestros hábitos mentales? Busque los siguientes versículos y anote algunos pensamientos en relación a esta pregunta.
   a. Deuteronomio 6.6-7
   b. Josué 1.8
   c. Salmos 119.9, 11
   d. 2 Corintios 10.5

5. ¿Qué ambientes y actividades pueden provocar en usted malos pensamientos? ¿Qué debe hacer cuando eso ocurre?

6. ¿Cómo definiría usted la pureza en una relación de noviazgo? Sea claro y preciso.

7. ¿Cómo se aplica Proverbios 22.3 a las actividades y lugares de una cita?

8. De acuerdo con 1 Juan 1.9, ¿cuál es nuestra responsabilidad cuando tomamos conciencia de un pecado en nuestra vida?

9. ¿Qué hace Dios con nuestros pecados como cristianos? Responda esta pregunta a partir de los siguientes versículos.
   a. Salmos 103.12

b. Isaías 38.17
c. Isaías 43.25
d. Miqueas 7.19

10. ¿Cuál es su actitud actual hacia las relaciones puras en el noviazgo? ¿De qué manera lo motiva este estudio a modificar sus actitudes y acciones?

Para memorizar: 1 Tesalonicenses 4.3

Proyecto especial: Anote cuáles van a ser sus pautas en el aspecto físico de la relación de noviazgo de ahora en adelante.

Preguntas para trabajar en grupo

Pregunta 1: ¿Qué significa defraudar a alguien? ¿Cuáles son algunas de las formas en que los hombres defraudan a las mujeres en una relación de noviazgo? ¿Cuáles son algunas de las formas en que las mujeres defraudan a los hombres? ¿Qué porcentaje de sus amigos, cristianos o no, tienen relaciones sexuales inmorales fuera del matrimonio? ¿Cuáles son algunas de las razones por las que lo hacen?

Pregunta 4: ¿Puede compartir algún ejemplo de cómo Dios transformó sus actitudes mentales por la memorización de pasajes y la meditación de su Palabra?

Pregunta 5: ¿Cómo pueden afectar los pensamientos de una persona su conducta en el noviazgo?

Pregunta 6: ¿Por qué deben buscar los cristianos la pureza en el noviazgo?

Pregunta 7: Si dos cristianos se comprometen a mantener la pureza en sus relaciones, ¿cuáles son algunas de las actividades y circunstancias que deben evitar?

Pregunta 9: ¿Puede compartir qué efecto tuvo en su vida el verdadero perdón de Dios?

8
Soltería

Mi hijo y yo jugamos a un juego que se llama «Mío». Sin duda usted lo habrá jugado también, si anda cerca de niños pequeños. El juego es así: yo tomo alguna cosa y digo: «Esto es mío; me pertenece». Entonces Brady se ríe y me lo arrebata. Aferrándolo contra el pecho, dice: «No, mío». Y así seguimos, quitándonos el objeto hasta que uno de los dos se cansa. Luego tomo a Brady y lo abrazo. «Brady, tú eres mío. Me perteneces». Su rostro irradia el enorme placer de sentirse querido, de *pertenecer* a alguien.

Brady refleja, con esa transparencia infantil, lo que todos sentimos: la necesidad de pertenecer a alguien, de ser buscados, de ser deseados. Tendemos a pensar que la mejor manera de satisfacer esta necesidad es la relación de noviazgo y luego el matrimonio. Y cuando quedamos atrapados en el engranaje de un mundo que parece estructurado para parejas, nuestra necesidad de pertenecer a otra persona se intensifica.

¡Qué percepción increíble advertir que *pertenecemos* a Dios! Hemos sido adquiridos de toda tribu, toda lengua, todo pueblo y toda nación, al precio de la costosa sangre de su Hijo. Somos suyos. Todas las sombras de cualquier pertenencia empalidecen en comparación con ésa. Mi esposo va a morir, y mis hijos en realidad no me pertenecen. Ninguna relación humana puede suplantar o hacer sombra al gozo de conocer a *quien* pertenezco.

Cuando esté pensando en el noviazgo y el matrimonio, debe asegurarse de que no está buscando una relación con otra persona como sustituto de una ausencia de relación con Cristo. Usted está completo en él. Cuando percibe esa plenitud en Cristo, está libre para considerar la soltería como una opción viable, que podría ser la voluntad buena y perfecta de Dios para usted.

El matrimonio podría no ser lo mejor

El apóstol Pablo consideró que ser soltero era la mejor opción. Para aquellos que hemos pasado horas contemplando por encima de la cerca de nuestra soltería el aparente esplendor del césped del estado conyugal, esa actitud nos resulta difícil de comprender. Sin embargo, las razones por las que Pablo subraya las ventajas de ser soltero son tan irrebatibles hoy como cuando él las escribió. Es muy probable que realmente el matrimonio no sea la mejor opción.

> Tengo, pues, esto por bueno a causa de la necesidad que apremia; que hará bien el hombre en quedarse como está. ¿Estás ligado a mujer? No procures soltarte. ¿Estás libre de mujer? No procures casarte. Mas también si te casas, no pecas; y si la doncella se casa, no peca; pero los tales tendrán aflicción de la carne, y yo os la quisiera evitar. Pero esto digo, hermanos: que el tiempo es corto; resta, pues, que los que tienen esposa sean como si no la tuviesen; y los que lloran, como si no llorasen; y los que se alegran, como si no se alegrasen; y los que compran, como si no poseyesen; y los que disfrutan de este mundo, como si no lo disfrutasen; porque la apariencia de este mundo se pasa. Quisiera, pues, que

estuvieseis sin congoja. El soltero tiene cuidado de las cosas del Señor, de cómo agradar al Señor... (1 Co 7.26-32).

En vista de la crisis

Todos estamos de acuerdo en que nuestro mundo está en crisis. Los tiempos en que vivimos son peligrosos, inestables, exigentes. Como cristianos estamos atrapados en una paradoja: aunque estamos destinados a un mundo por venir, debemos vivir como sal en este mundo actual, preservándolo del mal.

En la medida que la cultura se va degradando, es de esperar que la hostilidad alrededor nuestro aumente, no disminuya. En cualquier punto donde la sal entre en contacto con las heridas del mundo, aumenta el potencial de curación, pero el proceso va acompañado de un atroz dolor. Si usted se casa y tiene hijos, tendrá que enfrentar no sólo la oposición dirigida a usted, sino a los suyos. La Escritura dice que «a causa de la presente crisis», enfrentará menos conflicto y hostilidad de parte del mundo si permanece soltero.

Por una vida más simple

Cuando decimos que la vida del soltero es más sencilla, inevitablemente las cejas se arquean. Después de todo, son muchos los solteros que tienen césped para cortar, impuestos para pagar, autos para atender, mudanzas. La afirmación de que la vida del soltero es más simple, se refiere esencialmente a la red de relaciones con que tiene que tratar.

Si consideramos la familia típica con dos adultos y dos niños, son sólo cuatro personas, pero en realidad se establecen doce vínculos (esposo y esposa, padre e hijo, hermano y hermana, etc), y todos necesitan funcionar bien. Este hecho afecta muchos aspectos de la vida cotidiana. Por ejemplo, cuando una persona soltera decide comprar un auto, generalmente sólo tiene que tomar en cuenta sus propias necesidades y deseos. Una familia, en cambio, quizás pase horas analizando esa misma compra, ya que hay más personas y más factores para tomar en cuenta. El matrimonio también introduce a la persona en una telaraña de relaciones (la familia extendida de cada cónyuge), que puede ser de enorme bendición o también un fuerte dolor de cabeza.

En 1 Co 7.28 dice: «...pero los tales tendrán aflicción de la carne...» El pastor John MacArthur señala que nuestra palabra *carne* se refiere a la condición natural, y que la palabra *aflicción* deriva de una palabra griega que significa «presionar uno contra otro».(1) En el matrimonio, nuestra naturaleza carnal presiona contra la de nuestro cónyuge. El conflicto surge, como inevitablemente ocurre en toda relación de proximidad. ¿Está usted dispuesto a invertir una velada en decidir en cuál de sus respectivos hogares paternos van a pasar la próxima Navidad, o si van a invertir sus ganancias en comprar una carpa o una computadora? ¿Puede adaptarse a decisiones con las que no está de acuerdo? Esa es la realidad cotidiana de este lado de la cerca matrimonial.

Se podría decir, y con razón, que ese es uno de los propósitos por los cuales Dios planeó el matrimonio: suavizar ese ángulo de nuestro carácter, por medio del roce con los otros. El matrimonio puede poner freno al egoísmo y a la inflexibilidad. Pero sea como fuere, lo cierto es que una persona soltera vive con menos restricciones y menos complicaciones.

Por su disponibilidad para Dios

En ningún otro momento de la historia ha sido tan factible como hoy poner el evangelio al alcance de cada criatura. Pero como en los comienzos de la historia de la iglesia, todavía resuena el eco de las palabras: «Acabo de casarme y no puedo ir». Pablo no está diciendo que sea *incorrecto* casarse, pero quiere que pensemos en el hecho de que Dios podría usarlo de una manera especial como soltero. En 1 Co 7.32, dice: «Quisiera, pues, que estuvieseis sin congoja...», transmite la idea de que no está doblegado por las preocupaciones del mundo. En un sentido especial, la persona soltera está libre para concentrar su tiempo y energía en las cosas espirituales. Su esfuerzo y su atención no están repartidas.

Pablo dice enfáticamente en este pasaje: «Sea realista.

Considere a qué quiere dedicar la mayor parte de su tiempo. No es que no sea espiritual pasar horas analizando la compra de un auto o decidiendo si los chicos tienen suficiente ropa para el invierno; simplemente en eso consiste la vida de matrimonio».

En el v. 35, Pablo expresa la principal ventaja de la vida del soltero: «...para lo honesto y decente, y para que sin impedimento os acerquéis al Señor». ¿Cómo describiría esa devoción única? Aquí tenemos un ejemplo, en la carta que un joven comunista le escribió a su novia explicándole porqué no podía continuar con la relación.

> Hay una cosa en la que soy absolutamente sincero y esa es la causa comunista. Es mi vida, mi trabajo, mi religión. Es mi entretenimiento, mi novia, mi esposa, mi amante, mi pan, mi carne. Trabajo por ella de día y sueño con ella de noche. Esa ligazón se intensifica, no decrece, a medida que pasa el tiempo. Por lo tanto, no puedo continuar mi relación contigo, ni ninguna relación amorosa, ni ninguna conversación, sin relacionarla con esta fuerza que mueve y guía mi vida. Evalúo los libros y las personas y las ideas de acuerdo a cómo afectan la causa comunista y según su actitud hacia ella. Ya he estado preso por mis ideales, y si fuera necesario, estoy dispuesto a marchar al paredón.(2)

No es que éste sea el prototipo de estilo de vida para todo cristiano, pero demuestra lo que queremos decir al hablar de entregarse de corazón a una causa, aunque ésta sea equivocada.

Piense si lo va a hacer, antes de pensar con quién

Es muy apropiado que reflexione sobre la posibilidad del celibato al analizar el noviazgo y el matrimonio desde la perspectiva de Dios. Tan es así, que muchos sostienen que la disposición a permanecer soltero por causa de Cristo es requisito previo para estar en condiciones de contraer matrimonio en Cristo. Si bien yo preferiría vivir a no más de algunos kilómetros de las montañas donde me he criado, debo estar dispuesto, realmente dispuesto, a ir a vivir a los trópicos, por la causa de Cristo. De lo contrario no voy a estar libre para disfrutar de la geografía en la que él me ubique. Simplemente no podemos imponerle a Dios las condiciones en las cuales queremos servirle.

Cuántas horas se habrán dedicado a la angustiante pregunta: «¿Tengo yo el don de permanecer soltero?» Como dice Elisabeth Elliot: «Lo que somos es un don, y como cualquier otro don, lo escoge sólo el Dador. No estamos ante una amplia muestra de opciones».(3) En otras palabras, considere su soltería a la misma luz a la que otros consideran el matrimonio: ambos son dones de Dios, que él nos da como una muestra de su bondad. Dios no le deja a usted la preocupación de saber si llevará el don de permanecer soltero durante toda la vida. El le dará cada día la gracia para vivir satisfecho en esta o cualquier otra condición.

Aproveche el máximo de la condición de soltero

¿Cómo tratar cotidianamente con las consecuencias y las emociones que produce ser una persona soltera? Tanto el estar soltero como el estar casado tienen sus propias restricciones, como también sus respectivas compensaciones. El mundo puede tornarle la vida muy difícil a una persona que se siente insegura por ser soltera. Como dijo un muchacho: «Llegué a pensar que habría algo malo en mi persona; me faltaba algo, era una mercancía defectuosa. Mi manera de pensar cambió cuando me relajé y consideré que quizás Dios estaba tratando de bendecirme precisamente con aquello que yo consideraba como una maldición».

La reacción que tenga frente a los siguientes aspectos de la vida determinará si para usted ser soltero es una bendición o una maldición.

Lo que piensa acerca de sí mismo

La manera en que uno vive está determinada por el concepto que tiene de sí mismo. Desde el momento en que entra a la vida cristiana hasta que llegue a la presencia de Dios, uno de los principales ministerios del Espíritu Santo es el de afianzar su identidad en Cristo y su valía ante el Padre santo y amoroso.

El plan de Satanás es convencerlo de que usted no vale nada. «No eres bueno; nunca vas a cambiar, siempre seguirás atado a los mismos problemas». En esas ocasiones, recuerde el consejo de A. W. Tozer.

> Si se te acerca el diablo y te susurra que no vales nada, no discutas con él. Puedes inclusive admitirle que tiene razón, pero luego recuérdale: «No importa qué digas acerca de mí, te diré como se siente el Señor respecto a mí. El me dice que soy tan valioso para él que ha dado su vida por mí en la cruz». El valor está dado por el precio que se paga, y en éste caso, ¡lo pagó el propio Señor!(4)

Nuestro valor a los ojos de Dios está determinado por el inconmensurable valor de su Hijo.

La incapacidad de darnos cuenta de lo que valemos a los ojos de Dios y en función de eso desarrollar una autoimagen inadecuada, es común en muchas personas, solteras o no. Desde la caída, el hombre ha estado confundido respecto a quién es el mismo y quién es Dios. Si usted no logra superar el problema de una pobre autoestima, debe recordar que no hay una solución rápida al problema. Quizás sepa que fue elegido antes de la fundación del mundo, que fue comprado a un precio muy alto, que es precioso para Dios. Pero transferir esa verdad de su mente a su corazón no es algo fácil. Quizás piense: «No me sentiría así otra vez si estuviera haciendo lo correcto. Debe haber alguna solución que todavía no he probado; algo que me dé una actitud permanente que me haga sentir bien conmigo mismo».

Es indispensable que tenga el hábito de meditar en la opinión de Dios acerca de usted, tal como está planteada en su Palabra, y agradecerle reiteradamente por la forma en que lo hizo (aun por aquello que no le agrada). Es como tratar una grave quemadura en la pierna. La curación vendrá con el tiempo, con la aplicación cuidadosa y repetida de un remedio adecuado.

No se puede pasar de una autoimagen negativa a una positiva y saludable con una simple aplicación teórica de las verdades esenciales de Dios. Sólo si se inhala de manera constante y fiel la fresca brisa de nuestro valor para él, podremos expeler el olor sucio y ácido de la inferioridad y la incapacidad.

Cómo se trata a sí mismo

Su aspecto personal, la manera en que ordena su habitación, su departamento o su casa, y los amigos que tiene, a menudo revelan acerca de usted más de lo que se imagina. ¿Qué clase de mensaje está comunicando a los otros? Si un desconocido llega a su puerta, ¿se daría cuenta que ese es su hogar, o pensaría que está de pasada? Al observar su aspecto, ¿se pondría a pensar qué imagen tiene usted de sí mismo?

Quizás estos detalles le parezcan poco importantes, pero son detalles de sumo interés para el Señor, porque ponen de manifiesto su actitud mental hacia la voluntad de Dios para su vida en este momento. Es importante, por ejemplo, que se sumerja emocionalmente en el lugar en el que vive. Su hogar debiera estar ambientado de manera que refleje su personalidad y sus gustos. Saque esas cosas que tiene guardadas para su futuro soñado, y disfrútelas hoy.

A veces es difícil mantener relaciones cálidas y amistosas con el sexo opuesto y con parejas casadas, pero son tan valiosas como las amistades con personas del mismo sexo. Una persona soltera señaló: «Yo le doy muchísimo valor a la amistad con matrimonios. Observar sus vidas me da una perspectiva más realista acerca del matrimonio y echa por tierra mis mitos al respecto». Cualquier iniciativa que hagamos por pertenecer a un grupo cristiano que nos acompañe, vale la pena el esfuerzo que lleve.

Dios no nos redime de nuestros fracasos pasados y de nuestra condenación futura, dejándonos en el medio para que nos defendamos como podamos. El quiere permear cada rincón de nuestra vida: cómo nos divertimos, quiénes son nuestras amistades, qué música escuchamos, la manera cómo nos vestimos, hasta que todo lleve la marca de su gracia.

Usted está en proceso de transformación

Dios está interesado en usted como una persona total, no sólo la parte de usted que podría llegar a ser esposo o esposa, madre o padre. Sea que se case o no, tendrá que vivir con usted mismo por un largo tiempo.

Dios se ha propuesto transformar su carácter a la semejanza de Cristo. «Por tanto, nosotros todos, mirando a cara descubierta como en un espejo la gloria del Señor, somos transformados de gloria en gloria en la misma imagen, como por el Espíritu del Señor» (2 Co 3.18). Dios sólo pide su docilidad y cooperación. No es que pretenda perfección de nuestra parte, pero sí progreso. C. S. Lewis dijo una vez: «Dios nos ama a pesar de nuestras flaquezas, pero no descansará hasta quitar de nosotros todas nuestras imperfecciones».

Partiendo de la premisa de que el Señor quiere desarrollar un carácter santo en nosotros, muchas personas suponen, equivocadamente, que una vez que alcancen cierta meta de madurez espiritual, el Señor les presentará la pareja adecuada. Una mujer de veintiséis años expresó: «Yo creía que si me unía a un programa de crecimiento espiritual, el Señor me daría un esposo. Sólo era cuestión de que estuviera lista». De manera que se propuso llegar a ser un gigante espiritual, una mujer conocedora de la Palabra de Dios, trabajadora, la compañera sumisa del hombre que Dios traería a su vida. Cuando ese hombre no llegó, se sintió estafada, abandonada, de poco valor.

El matrimonio y la madurez espiritual no siempre van juntos. Un esposo o una esposa es un regalo de Dios, que él nos da o no según su perfecta voluntad. Judy Douglas, autora de *Old Maid is a Dirty Word* («Solterona es una mala palabra»), dice que «estamos casados o no porque ésa es la voluntad de Dios, no porque hayamos alcanzado cuarta puntuación en la escala espiritual».(5) El matrimonio no es una condecoración espiritual que podamos obtener por nuestro mérito.

Conságrese, entonces, a ser la persona que Dios quiere que sea, soltera o casada: «...perfectos y cabales, sin que os falte cosa alguna» (Stg 1.4). Dios desea tallar su imagen en la madera de su personalidad, no tanto para prepararlo como cónyuge sino para prepararlo para la *vida*. Su bienestar final, y su propia gloria, son su mayor interés.

Esperar en el Señor

Hace poco, subimos al auto para ir a visitar una familia. Por alguna razón, nuestra hija, Allison, decidió que el único lugar aceptable para viajar era mi falda. Stacy tenía otra opinión, de modo que la colocó en el asiento trasero, detrás de mi. Lloró, se quejó y protestó como si la hubieran sentado en la punta de una antena. «Allison —traté de consolarla—, ¿no te das cuenta que no es más que por unas cuantas manzanas?» Lo que parecía un maratón en su perspectiva infantil, no eran más que dos manzanas.

Los adultos a veces nos comportamos de esta misma forma inmadura. Rápidamente damos por sentado que vamos a permanecer solteros por más tiempo del que quisiéramos, o quizás por toda la vida. Y aunque nuestra soltería no sea más que un recorrido de «dos manzanas», se torna a veces solitaria, frustrante, intolerable. Judy Douglas señala que una tentación típica de las personas solteras es la de vivir en el futuro. «Consideramos nuestros trabajos como algo temporero, hasta tanto aparezca el hombre (o la mujer). Recordamos con melancolía y soñamos esperanzados, pero nos desesperamos respecto al presente, porque nos falta la pareja».(6)

El salmista nos recuerda: «Este es el día que hizo Jehová; nos gozaremos y alegraremos en él» (Sal 118.24). Hoy es el día para dedicarnos de lleno a lo que tengamos entre manos. No espere entre bastidores a que el matrimonio le anuncie que es su hora de actuar.

Una pregunta importante que se debe plantear es la siguiente: ¿Estoy satisfecha en el Señor en este momento? ¿Está creciendo satisfactoriamente mi relación con él? Si es así, no se preocupe por el futuro. A los treinta y cinco, a los cuarenta y cinco, o a los sesenta y cinco, sea que esté en la cárcel, en un yate en el Caribe, viudo, o sin hijos, se sentirá bien si se concentra en el Señor, como lo estaba David: «A Jehová he puesto siempre delante de mí; porque está a mi diestra, no seré conmovido» (Sal 16.8).

Sería un alivio si este asunto de sentirse satisfecho pudiera resolverse de una vez para siempre. Pero no es así. La mayoría de los solteros reconocen que hay etapas en la vida en que el anhelo de estar casados y experimentar el compañerismo de la pareja, acomete con la furia de un oleaje. Cada vez que eso ocurra, usted debe elegir si quiere acariciar ese anhelo, o volverse hacia Dios. Si usted permite que sus sentimientos lo dominen, esos deseos pueden crecer a proporciones idolátricas.

Pero si viene honestamente al Señor, como lo hizo el salmista, y admite: «Señor, delante de ti están todos mis deseos, y mi suspiro no te es oculto» (Sal 38.9), entonces él puede llegar hasta su corazón y darle abundante gracia. Una mujer dijo sabiamente: «Cuando aprovecho esos momentos para acercarme más al Señor, llego a conocer cosas de Dios que me doy cuenta que normalmente las mujeres casadas no conocen. Yo lo conozco como mi Mejor Amigo, mi Ayudador, mi Compañero Elegido, que son necesidades que generalmente el Señor satisface en una mujer casada a través de su esposo». Los momentos de soledad se transforman en una invitación para acercarnos a él, recordando que el Señor mismo, muchas veces rechazado y mal interpretado, fue una persona soltera durante treinta y tres años. «Porque no tenemos un sumo sacerdote que no pueda compadecerse de nuestras debilidades...» (He 4.15).

Le pregunté a una amiga íntima, que había sido soltera hasta los treinta y seis años, qué era lo que más la había ayudado en los momentos en que se sentía mal y deseaba estar casada. «Cada mañana —me explicó—, apenas me despertaba, le daba gracias a Dios por su misericordia y por su plan de que yo fuera soltera en este momento de mi vida, y que estuviera haciendo lo que él quería que hiciese. Reconocer que el perfecto plan de Dios estaba en marcha en mí, cada día me permitía aceptar mi situación. En la medida que yo era fiel en aplicar ese bálsamo de gratitud, Dios me rescataba de cada período de depresión que me sobreviniera». Como plantea John White en *Eros Defiled* («Eros y el pecado sexual»): «¿Despreciaría usted la intimidad con el Todopoderoso por un poco más de intimidad humana?»(7)

Guía de estudio y aplicación — tarea individual

1. ¿Cómo se relacionan los siguientes versículos con la soltería: Salmos 73.25-26; Jeremías 29.11; 1 Timoteo 6.6?
2. Busque Salmos 139.13-14; Mateo 11.28-29; Lucas 12.7; Romanos 9.20. ¿Qué piensa acerca de la preocupación de Dios por usted y de su control sobre las circunstancias que le toca vivir?
3. Lea 1 Corintios 7.25-35.
   a. ¿Cuáles son las razones por las que Pablo estimula el celibato?
   b. Escriba una paráfrasis de los vv. 26 y 32.
4. ¿Cuáles son algunas de las razones que se dan en 1 Corintios 7.1-10 para casarse, y cuáles para permanecer soltero?
5. Lea Mateo 19.3-12.
   a. ¿Por qué pensaban los discípulos que sería mejor no casarse?
   b. ¿Cuáles fueron las tres razones que Jesús da para permanecer célibe?
6. ¿Piensa que es posible vivir una vida plena siendo soltero? ¿Por qué?
7. Revise las preguntas anteriores y anote tanto los aspectos positivos como los negativos de la vida célibe. Luego agregue algunas de sus propias razones a favor y en contra del matrimonio.

Para memorizar: 1 Corintios 7.7

Proyecto especial: Pase tiempo con el Señor, examinando honestamente su actitud hacia su don de soltería.

Preguntas para trabajar en grupo

Pregunta 1: ¿Cuál es el estilo de vida de algunos de sus conocidos que estén por encima de los treinta y que aún no se hayan casado? ¿En qué cosas ve que aplican o no aplican estos pasajes, en las actitudes y acciones que observa en ellos?

Pregunta 2: ¿Cuáles son algunas de las presiones del medio cultural respecto a no estar casado, o el optar por ser soltero? ¿En qué manera pueden ayudar los versículos citados a contrarrestar esas presiones?

Pregunta 3: ¿Cómo describiría una «devoción exclusiva»? ¿Conoce a alguien que haya elegido ser soltero por estos motivos? ¿Cómo es la vida de esa persona?

Pregunta 4: ¿Qué piensa sobre qué quiso decir Pablo en el v. 7?

Pregunta 5: ¿Qué quiso decir Jesús en el v. 11?

Pregunta 6: ¿Cómo afecta la perspectiva que tiene sobre su actual estado civil el concepto que tiene de los planes de Dios para su vida?

9
Parece que esto va en serio

Desde hace varios años, mi esposa y yo venimos ofreciendo a nuestros amigos solteros un servicio que nos parece insuperable. A un costo muy accesible, nos ofrecemos a distribuir un resumen de sus cualidades y condiciones para el matrimonio, su trasfondo y preferencias, para luego entrevistar a los candidatos a casamiento que se presenten. Respaldamos este servicio con una garantía de dos años: «Resultados garantizados, de lo contrario le devolvemos su dinero». Es extraño, pero nadie ha aceptado nuestra oferta. En la época y en la cultura que vivimos, ¡nadie quiere tramitar la selección de pareja por poder!

    Una vez que usted ha decidido si quiere o no casarse, y está abierto a la posibilidad de que eso ocurra, enfrenta el interrogante de cuál sería la pareja adecuada. ¿A quién quiere seguir conociendo por el resto de su vida? ¿Los ruegos de quién está dispuesto a aguantar? ¿A quién quiere colgarle todos los días la toalla empapada? ¿A quién está dispuesto a tolerarle las debilidades, y con quién está dispuesto a compartir penas y alegrías?

Qué bueno sería poder definir este tema con la misma confianza con que el siervo de Abraham partió a buscar novia para Isaac: «...oh Señor..., Sea, pues, que la doncella a quien yo dijere: Baja tu cántaro, te ruego, para que yo beba, y ella respondiere: Bebe, y también daré de beber a tus camellos; que sea ésta la que tú has destinado para tu siervo Isaac...» (Gn 24.12-14). Cuando una encantadora muchacha de nombre Rebeca se comportó de esa manera, el siervo de Abraham sabía que su misión estaba cumplida.

¿Se imagina esta escena reeditada en el lenguaje del siglo XX? «Oh Señor, permite que la primera chica que me ofrezca una gaseosa antes de las nueve, sea la que me has destinado...» ¿No suena ridículo? Es de esperar que su enfoque al tema de elegir una pareja sea más realista y maduro.

¿Cómo va a reconocer el verdadero amor?

Quizás al leer este libro se pregunta si el noviazgo de ahora, o uno anterior, es amor verdadero, y si debe profundizar la relación. Quiere saber, y es lógico que así sea, si ese cosquilleo que siente en el estómago es indicación de un amor que perdura, o sólo un enamoramiento pasajero. Mientras reflexiona, analicemos las diferencias entre el verdadero amor y lo que *parece* amor.

El verdadero amor se basa en el conocimiento

Si lo que está sintiendo por la otra persona es amor, ese sentimiento está basado en el hecho de haber visto a la otra persona en muchas situaciones a lo largo de un período de tiempo. El amor se profundiza a medida que crece el conocimiento de la otra persona, y distintos aspectos de su personalidad lo van impactando. Pregúntese cuántas características de esa persona puede anotar, y en qué pruebas basa esa descripción.

Por otro lado, si lo que está sintiendo es solo enamoramiento, las cosas que lo atraen a la otra persona son relativamente pocas. Está hechizado por sus ojos azules o por su habilidad atlética, pero, ¿qué sabe de su estilo de vida o de sus metas? ¿Qué los une: el gusto por la pizza y el cine, o un enfoque compartido de la vida?

Cuando dos personas están sólo enamoradas, viven en un romántico mundo de fantasía. Sea que se conozcan desde hace pocos meses o muchos años, las faltas y las debilidades quedan escondidas bajo un disfraz superficial. Cada persona ama la imagen que se ha forjado de la otra.

El Dr. James Peterson resume las características del enamoramiento, que él llama romance.

> En primer lugar, el romance produce tal distorsión de la personalidad, que una vez casados ninguno de los dos puede satisfacer las expectativas del otro. Segundo, el romance idealiza de tal forma el matrimonio, y aun el sexo, que cuando se encuentran con la realidad cotidiana, se produce la desilusión. En tercer lugar, los enamorados están tan cortos de vista que el vínculo prematrimonial se reduce casi totalmente al plano emocional, y en consecuencia, problemas tales como las diferencias temperamentales, valores, diferencias religiosas, culturales, problemas financieros, laborales o de salud, nunca son tomados en cuenta. En cuarto lugar, el romance promueve un falso éxtasis que parece prometer un tipo de felicidad que nunca podría mantenerse en el marco de la realidad matrimonial. En quinto lugar, el romance escapa del tal forma de los aspectos negativos de la personalidad que su represión oscurece la verdadera persona.(1)

Una persona que experimenta verdadero amor no teme admitir sus propios fracasos, o los de la otra persona. ¿Podemos decir: «Soy consciente de tu mal carácter, pero te amo a pesar de que tienes "poca paciencia"»? Si bien es cierto que siempre tenemos una imagen algo idealizada de la persona que amamos, debe haber una total disposición a evaluar esa percepción con realismo y aceptar lo que encontramos.

El fundamento del amor sobre el cual se construye una relación para toda la vida debe ser un compromiso incondicional y fundado sobre el conocimiento de la persona con la cual uno se casa. Como escribe Maxine Hancock: «Es saber que ambos seguirán preocupándose por el otro, cuando el sexo, los sueños, las luchas, y el futuro, todo eso esté resuelto y acabado. El amor, le diré lo que es el amor: es usted a los setenta y cinco años y ella a los setenta y uno, cada uno escuchando los pasos del otro en la habitación contigua, temiendo que de pronto el silencio, o un grito, anuncie que se ha terminado el diálogo de toda una vida».(2)

El verdadero amor es una respuesta a la persona total

De las tres palabras griegas que significan amor, *eros*, *phileo* y *ágape*, el enamoramiento consiste casi exclusivamente en las dos primeras: *eros* y *phileo*.

Eros es la expresión sensual, sexual del amor, que busca el placer y la posesión del objeto amado. Es más bien una reacción al cuerpo y al rostro que a la persona total, con su mente, emociones, y personalidad. Si se quita el elemento de la comunicación física de la relación, queda muy poco atractivo. Comúnmente se asocia con la frase: «Te amo si» (si haces tal y tal cosa para agradarme).

Phileo es esa asociación que llamamos «amor fraternal», un tipo de aprecio mutuo donde ambas personas se benefician al compartir intereses comunes. «Te amo porque» (eres así), es la frase que a menudo se usa para ilustrar este amor.

El amor *ágape* es una respuesta incondicional a la persona en su totalidad: «Te amo a pesar de ..."las debilidades que veo en ti"». Cualquier relación que quiera perdurar debe tener este nivel de preocupación por el bienestar del otro, y la ausencia de interés por controlarlo, de ser recompensado, o de disfrutar del proceso. Va más allá, hasta ser «capaz de amar aunque el otro no pueda corresponder, sea por enfermedad, fracaso, o simplemente flaqueza. Es un amor que puede reparar los lazos heridos por la infidelidad, la indiferencia, o los celos».(3) El mejor ejemplo de este amor es Cristo mismo. «Porque de tal manera amó Dios al mundo, que ha dado...» (Jn 3.16).

Muchas personas que son felices en el matrimonio admiten que se sintieron atraídos hacia la personalidad o el carácter de su futuro esposo o esposa mucho antes de que tomaran conciencia de su atractivo físico. «Al principio no me había dado cuenta que era tan atractivo», es un comentario que se oye a menudo en las parejas cuyas relaciones se han basado en muchos intereses compartidos. La atracción física entre ellos ha estado respaldada por un fundamento duradero de amistad y respeto.

El verdadero amor edifica

Habíamos conocido a Jim y a Leslie por años cuando eran solteros, y habíamos visto cómo crecía su relación con Dios y florecía su personalidad. Sin embargo, lo que nos maravilló fue observar las increíbles cualidades que aparecieron en cada uno de ellos como resultado del amor que se brindaron. Todos los que los conocían bien subrayaban las diferencias. Leslie era puntual. Jim mostraba más sensibilidad hacia las personas que lo rodeaban. Y ambos se sentían más seguros y confiados en sí mismos. Nadie debía haberse sorprendido, sin embargo, porque el verdadero amor produce cambios positivos y constructivos en un individuo.

En contraste, cuántas veces hemos oído comentarios como éste: «No me sorprende que Sandra se haya olvidado hoy de su turno con el dentista. Vive en otro mundo. No le importa otra cosa que estar con Juan». Sandra probablemente esté enamorada de Juan, y es muy posible que en pocos meses Sandra esté «perdida» por algún otro.

Tendemos a esperar que alguien que está enamorado sea irresponsable, que viva en su propio mundo. Las películas y las novelas románticas respaldan ese concepto. «Juan es la razón de mi vida», es el mensaje que se transmite, verbal o no. Pero cuando desaparece la niebla, cuando amanece el día, si

Juan es nuestra sola razón para vivir, no será tan buena razón.

Cuando una pareja se ama realmente, su relación no reemplaza a otras personas y actividades. Su amor es lo suficientemente seguro como para sobrevivir a la separación, y suficientemente maduro como para aceptar las responsabilidades, además, de los placeres de la relación.

El enamoramiento, en cambio, insiste en la continua reafirmación de la otra persona. Hace demandas irrazonables que surgen de las necesidades posesivas y de la inseguridad. Graficado, este amor muestra elevados picos de seguridad y profundos valles de duda. El enamoramiento es inestable, como los vientos monzones: viene, sopla con fuerza, y pasa de largo.

Hágase algunas preguntas

Mientras piensa si el revuelo que siente es verdadero amor, y en el tipo de amor que lo haría dejar el hogar donde vive para empezar uno nuevo, revise cuidadosamente la calidad de su amor. ¿Está dispuesto a esperar el cumplimiento de ese amor, como hizo Jacob? «Así sirvió Jacob por Raquel siete años; y le parecieron como pocos días, porque la amaba» (Gn 29.20).

¿Puede decir honestamente que está dispuesto y es capaz de poner las necesidades y los anhelos de la otra persona por encima de los propios? ¿Es la felicidad de él o de ella su primordial interés? Hermann Oeser, un autor alemán, escribe: «Los que pretenden llegar a la felicidad no debieran casarse. Lo importante es hacer feliz al otro. Los que quieren ser comprendidos no debieran casarse. Lo importante es entender a nuestra pareja».(4)

¿Podría sobrevivir su amor sin la expresión física? Si su cónyuge sufriera un accidente que lo mutilara o lo desfigurara de por vida, ¿lo seguiría cuidando? Esas son algunas de las preguntas y de las consideraciones que debe pesar para evaluar la calidad de su amor.

¿Hay sólo una persona para mí?

Chuck Swindoll cree que «el éxito de la vida no consiste tanto en casarse con la persona que lo hará feliz sino en escaparse de las muchas que lo harían miserable».(5) Esas palabras son ciertas, pero dan a entender que hay una sola persona con la cual podemos casarnos. Cuántas búsquedas esforzadas, como aguja en un pajar, buscando esa única persona, en parte porque queremos que se diga de nuestra relación amorosa: «¿Verdad que son la pareja perfecta?»

Si fuese cierto que sólo podemos ser felices con una sola persona, ¿entonces cómo explicar los matrimonios felices que han sido acordados por los padres? ¿Qué del hombre que enviuda, y después de casarse con otra mujer, admite abiertamente que las ama a ambas?

¿No sería más realista decir que es preciso casarse con *una* persona apropiada, y no con *la* persona apropiada?

Obviamente estamos atrapados entre dos verdades. Dios es quien controla todo, como dijo Job: «Yo conozco que todo lo puedes, y que no hay pensamiento que se esconda de ti» (Job 42.2). Pero a la vez es igualmente cierto que Dios nos da la libertad de hacer decisiones sabias dentro de ciertos límites éticos. La Biblia dice que un cristiano sólo puede casarse con otro cristiano, lo que en un sentido nos limita mucho (deja buena parte del mundo afuera), y en otro sentido es muy amplio (hay muchos cristianos). Es dentro del cuerpo de Cristo, entonces, donde debemos hacer una elección espiritualmente sabia. No podemos ignorar la soberanía de Dios ni nuestra propia responsabilidad.

Antes del casamiento, debe preocuparse por hacer una decisión sabia y razonada al elegir su pareja. Ese es el momento de luchar por hacer una elección «buena»; después del matrimonio habrá que trabajar para hacer «buena» la elección.

Permítame decirlo de otra manera. Antes de casarme con Paula, pasé muchas horas conociéndola, y muchas horas lejos de ella, buscando la voluntad del Señor y el consejo de algunas personas que nos conocían bien. Luché por hacer una decisión sabia delante de Dios. Ahora comprometo toda mi energía para que nuestro matrimonio funcione.

Cómo hacer una decisión sabia

A Paula y a mí nos encanta hacer orientación prematrimonial. La primera cosa que hacemos cuando se acerca una pareja es pedirles que hagan una lista de las razones por las que quieren casarse con la persona que está a su lado. Esas listas son fascinantes. Hemos escuchado algunas tan detalladas y completas como si fueran la descripción del vendedor de un coche de lujo, y algunas tan simples como «Amo a Susana y ella me ama».

Decir simplemente «te amo» no es suficiente. Es una razón inadecuada para casarse. Es cierto que tiene que sentirse enamorado de la persona con la que se va a casar, que se entusiasma cuando está con él o con ella, y lo extraña cuando está lejos. Pero debe haber una base objetiva de esas emociones. La meta es el *equilibrio*.

LO SUBJETIVO (¿QUÉ SIENTO?)	LO OBJETIVO (¿QUÉ RAZONES TENGO DE SENTIRME ASÍ?)

Los griegos lo expresaban con acierto: «La emoción debe entibiar la razón, pero la razón debe gobernar la emoción».(6) La razón que le da equilibrio a la emoción debe provenir de la unión de sus respectivos trasfondos, valores, y personalidades.

Trasfondo

Todos filtramos nuestra percepción de la gente que nos rodea en base a nuestro trasfondo, buscando o rechazando vínculos de manera casi subconsciente en base a similitudes o diferencias raciales, étnicas, socio económicas, educacionales, etc. (Si bien es cierto que personas con temperamentos opuestos muchas veces se sienten atraídas, no ocurre así con personas socialmente muy distintas.)

La mayoría de la gente admite que recién después de casarse y establecer un hogar propio se dan cuenta cuánto influye el trasfondo. Afecta todo, desde la forma de pasar un feriado hasta el hecho de que se gaste dinero en libros o en platos exquisitos. Esto no quiere decir que una persona con estudios secundarios no puede ser feliz casada con un licenciado, o que el matrimonio entre un coreano y un americano no puede funcionar; pero las diferencias deben ser encaradas de frente y anticipadamente.

Si bien es cierto que en Cristo «...no hay griego ni judío, circuncisión ni incircuncisión, bárbaro ni escita, siervo ni libre, sino que Cristo es el todo, y en todos» (Col 3.11), es un hecho que personas que tienen trasfondos similares tienen menos áreas de fricción, y por lo tanto menos necesidad de adaptación.

Valores

Los valores, las metas, la perspectiva de la vida de dos personas deben ser discernidas de manera activa e inteligente en una relación. Como ya se dijo en el capítulo 5, el punto sobre el cual no puede haber concesión alguna es el compromiso con Cristo.

Constantemente me asombro cuán a menudo los cristianos pasan por alto esa clara enseñanza de las Escrituras. Recientemente estuve con un grupo de creyentes y observé el entusiasmo y el hambre de crecer que mostraba una de las jóvenes. Luego supe que acababa de casarse con un hombre no cristiano que no demostraba ningún interés por lo espiritual. «¿Cómo ocurrió?», pregunté.

Resulta que cuando una señora mayor describió un día en la iglesia cómo su propio esposo había llegado a ser cristiano después de que se habían casado, la joven tomó esto como una señal de que el Señor bendeciría su unión con un hombre no cristiano. El problema es que no importa con cuánta fuerza sienta o cuán evidente parezcan las «señales» circunstanciales, nunca se puede tomar una decisión tan contraria a una clara enseñanza bíblica, y seguir estando en la voluntad de Dios. Su voluntad nunca va en contra de su Palabra.

Sin embargo, una vez que sabemos que la otra persona es creyente, surge el interrogante acerca de la profundidad de su compromiso. Si pudiera plasmar en un dibujo el compromiso de la persona con la que está saliendo, ¿a cuál de estos diagramas se parecería?

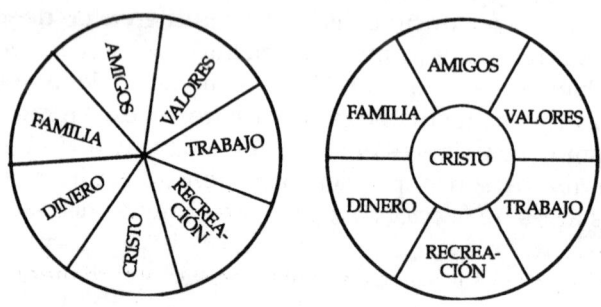

¿Es Cristo el centro de su vida? ¿Permea Cristo cada faceta, o está presente simplemente como una «tajada» más del pastel, como cualquier otra actividad o interés?

A veces dos cristianos comprometidos que están fuertemente atraídos el uno al otro suponen, equivocadamente, que «es obvio que deben casarse». Quizás sea la primera relación sana que tienen desde que conocieron a Cristo. Pero el matrimonio no es siempre el paso lógico que sigue en el noviazgo. A menudo Dios trae una persona a su vida *por un tiempo*, sin tener en mente una relación de por vida. Tiene que darle la libertad de que sea eso, sin pedir más.

Después de haber considerado el asunto fundamental de su compromiso con el Señor, debe tomar en cuenta las similitudes de sus metas y valores. ¿Comparten una misma misión en la vida, o está uno de los dos pensando en servir en las misiones en el extranjero, mientras que el otro prefiere quedarse a no más de treinta kilómetros de su hogar paterno?

¿Imagina uno de los dos una vida burguesa normal, con los chicos bien criados y una asistencia regular a la iglesia, mientras que el otro añora invertir su tiempo en ayudar a otros a conocer a Cristo y crecer en él? ¿Cuál es el valor que cada uno de ustedes da a las personas y a las relaciones, en comparación con las posesiones materiales?

El amor que llega a funcionar en el matrimonio incluye la fusión de las mentes; se sienten de la misma forma respecto a las cosas esenciales. Cada uno puede desnudar su alma ante la otra persona y sentirse comprendido y plenamente aceptado. Tienen conflictos y peleas, pero pueden tratar esas diferencias sin menoscabar el valor del otro.

Cuando evalúa los gustos, preferencias e intereses de su pareja, ¿cuánto tienen en común? Si un jugador de baloncesto se casa con una mujer apasionada por la ópera, no quiere decir que su relación está automáticamente condenada al fracaso, pero sí que tendrán que aprender a disfrutar, o al menos soportar los gustos de cada uno. De otra manera, van a saltar las chispas y va a subir la tensión. Mucho mejor es poder disfrutar naturalmente algunos intereses en común.

Personalidad

El criterio final de la compatibilidad en una relación se explica en términos de *complementariedad*. Nos sentimos atraídos hacia personas cuyas necesidades podemos satisfacer, y que a la vez pueden responder a algunas de nuestras propias necesidades. Consciente o inconscientemente, disfrutamos de la compañía del otro porque experimentamos una sensación de estar completos en presencia de la otra persona.

Podríamos dar muchos ejemplos que ilustran este principio. Jorge es un muchacho estable que disfruta siendo el compañero seguro y criterioso de Sarita. Sarita a su vez se siente protegida y segura con Jorge. La persona impulsiva, improvisadora, a menudo se siente atraída hacia personas que aman la aventura. Una persona conversadora disfruta de la relación con alguien que sepa escuchar.

Las características complementarias no deben confundirse

con las necesidades *contradictorias* que a veces se usan como ejemplo, cuando decimos: «Los opuestos se atraen». El hecho de que Ana sea puntual y Juan sea todo lo contrario, o que Federico sea despilfarrador y Juanita una mezquina, significa que cada uno de ellos tendrá que ceder para mantener la paz en sus respectivos matrimonios.

Si bien no hay dos personas que sean totalmente compatibles, y que Dios usa nuestras diferencias para construir nuestro carácter, en algún momento tenemos que considerar abiertamente cuáles son esas diferencias. En esencia, hay que responder a la siguiente pregunta: ¿Cuánto tenemos a nuestro favor y cuánto en contra?

Sea que esté o no seriamente involucrado en una relación de noviazgo, tómese tiempo para escribir con el mayor detalle posible, las cualidades y la personalidad de la persona con la que desea casarse algún día. Ore sobre esta lista, y pídale a Dios que la mejore según su deseo. Luego guárdela. Cuando empiece a preguntarse si la relación que está manteniendo podría llegar a ser algo más que una amistad especial, compare esta persona con su lista. Si bien sus necesidades y su discernimiento pueden haber cambiado con el tiempo, lo mismo la lista le será de ayuda. Podrá evaluar más rápidamente el potencial de esa relación.

Cuando ya está decidido

No hay ninguna fórmula simple e infalible para elegir pareja. Si la hubiera, bastaría con llenar un cuestionario y permitirle a una computadora que seleccione la correspondiente pareja. En alguna medida, cada uno de nosotros se casa «por fe», pero esa fe no tiene porqué ser una fe ciega o ingenua.

Me gustaría desafiarlo a emprender un interesante proyecto. Pregunte a algunas parejas que sean creyentes comprometidos y que tengan matrimonios felices cómo llegaron a la decisión de casarse con esa persona. En muchos casos, encontrará un elemento en común: nosotros lo llamamos «un santo temor».

La mayoría de las personas pasan por un intenso período buscando al Señor, que surge tanto del temor de hacer algo incorrecto como el deseo de hacer una elección sabia dentro de la voluntad de Dios. Ver que esto ocurre en la vida de una persona soltera es algo que nos entusiasma; sabemos que el resultado no será una decisión hecha a la ligera sino una por la que él o ella han estado esperando en el Señor.

Quizás uno de los consejos más sabios que se pueden dar es: «Espere y ore». «Muéstrame, oh Jehová, tus caminos; enséñame tus sendas. Encamíname en tu verdad, y enséñame, porque tú eres el Dios de mi salvación; en ti he esperado todo el día» (Sal 25.4-5).

Cuando inicie ese período de esperar en el Señor, no rechace la oportunidad de buscar el consejo de cristianos maduros. El consejo de los padres, de un pastor, de un líder de estudio bíblico, y de los amigos cercanos, es un importante factor a tener en cuenta, porque esas personas generalmente lo conocen en algunos aspectos mejor de lo que usted mismo se conoce. Cuando Paula y yo estábamos pensando casarnos, la «luz verde» que recibimos de otras personas fue algo que nos dio mucho estímulo y seguridad.

Quizás todo el proceso que va desde una salida hasta el noviazgo y el compromiso, debería sujetarse al siguiente consejo: «Sobre toda cosa guardada, guarda tu corazón; porque de él mana la vida» (Pr 4.23). Desde la primera salida, los sentimientos más intensos deben estar gobernados por pensamientos claros. Cuando llegue el momento indicado, usted podrá pronunciar las palabras «Sí, quiero» con la firme seguridad de haber hecho una decisión sabia.

Guía de estudio y aplicación — tarea individual

1. ¿Cuáles son sus propias definiciones de lo que es el enamoramiento y el amor verdadero?

2. ¿Cuáles son las características del verdadero amor que se enumeran en 1 Corintios 13.4-7?

3. El ejemplo perfecto de amor verdadero lo dio Dios al darnos a su Hijo. Lea Juan 3.16 y Romanos 5.8, y describa el amor tal como Dios lo practica.

4. Lea 2 Samuel 13.1-19.
   a. ¿Qué evidencias tenemos de que Amnón estaba enamorado de Tamar?
   b. ¿Cuáles fueron las consecuencias de su enamoramiento? (Podría leer también los vv. 23-38.)

5. ¿Cuáles son algunas de las razones correctas e incorrectas por las cuales casarse?

6. Describa con todo el detalle que le sea posible la clase de persona con la que espera casarse algún día. Concéntrese en sus cualidades. Empiece a orar de manera regular por sus anhelos.

7. Es esencial esperar en el Señor para encontrar pareja. Lea Salmos 25.3, Isaías 30.18, 40.31, y Lamentaciones 3.25 y haga una lista de las consecuencias de haber esperado y confiado en el Señor.

8. ¿Qué aplicación personal o qué compromiso puede tomar para su vida a partir de este estudio?

Para memorizar: Mateo 6.33

Proyecto especial: Pregúntele a varias parejas por qué decidieron casarse.

Preguntas para trabajar en grupo

Pregunta 1: Cuando las personas en nuestra cultura buscan «amor», ¿se refieren normalmente al enamoramiento o al amor verdadero?

Pregunta 2: ¿Cómo puede aplicarse este pasaje a la evaluación de una relación seria de noviazgo?

Pregunta 3: ¿Cómo se compara este amor con el que debiéramos tener por nuestro cónyuge?

Pregunta 4: ¿Qué cosas puede estar comunicando una persona cuando dice: «Te amo»? ¿Cuáles son algunas de las formas en que esa expresión puede ser interpretada por la otra persona?

Pregunta 5: ¿Es posible que dos personas sientan un amor maduro, y sin embargo piensen que no deben casarse? ¿Puede dar un ejemplo?

Pregunta 6: ¿Piensa usted que hay una sola persona con la que debería casarse? ¿Por qué?

Pregunta 7: ¿Cómo se aplica Mateo 6.33 a la búsqueda de pareja o a la evaluación de una relación de noviazgo?

10
Llegar a ser uno

Cada uno de nosotros tiene sus propias fantasías respecto a lo que será la experiencia del compromiso, ese momento que nos cambia la vida para siempre. Entre rosas y luz de velas, apenas en un susurro, llega ese momento de la verdad: «¿Quieres casarte conmigo?» Sólo tres palabras, pero la vida nunca será igual a partir de entonces.

En algún punto de nuestro camino hacia el altar, Stacy y yo pasamos por ese momento de rosas y candelabros. Debo decirle que cuando Stacy decide hacer algo, lo hace de inmediato. De modo que después de meses de pensar y orar respecto a la decisión de casarse, cuando sintió que era el momento adecuado, no perdió ni un segundo, marchó hasta la cabina telefónica más cercana y me telefoneó desde cientos de kilómetros de distancia.

¿Se imagina despertando del más profundo sueño para tener que enfrentarse con esa pregunta? A pesar de lo torpe e incoherente que me sentía, esa vez no me faltaron las palabras. Nunca he estado tan segura de una decisión en mi vida como la de casarme con Stacy.

Para otros, las circunstancias pueden ser distintas, la proposición puede ir expresada de otra manera, y la respuesta puede ser menos segura; cada situación es única, como lo son las dos personas involucradas. Comprometerse es el primer paso que lleva a unir dos vidas, entretejer dos personalidades, y dar comienzo a nuevas generaciones. De modo que es preciso tomarse tiempo, para que cuando llegue el momento del compromiso ambos tengan la madurez necesaria para asumir las responsabilidades que implica una relación más íntima. Una vez comprometidos ya no es momento para madurar. Cuando ya le ha puesto el anillo en el dedo, parece que se vive en un limbo hasta que llega el momento de ser declarados «marido y mujer».

Una vez que se han comprometido, hay que disponer del tiempo necesario entre el compromiso y el casamiento para hacer los preparativos apropiados para pasar el resto de la vida bajo el mismo techo. Hay infinidad de cosas en las cuales pensar y conversar. Algunas personas equivocadamente piensan que una vez que finalmente se han comprometido con la persona que consideran la correcta para casarse, ya está todo listo. Lo cierto es que recién empiezan realmente a planear una vida en común.

Preparándose para pasar la vida juntos

El compromiso es, para muchas parejas, el clásico ejemplo de «la tiranía de lo urgente» (ese concepto de que estamos tan tiranizados y controlados por las cosas urgentes de la vida que nos queda poco tiempo para las cosas realmente importantes). Los preparativos de la boda siempre se atienden, de alguna manera. Pero hay por delante una tarea mucho más grande que a veces pasa desapercibida, la de prepararse para una vida de interdependencia y unión de ambas personalidades.

Construya un fundamento sólido

No hay nada que reemplace la orientación prematrimonial.

Usted necesita al menos tres sesiones con alguien que esté personalmente interesado en usted, preferentemente el pastor que los va a casar. Una buena orientación prematrimonial puede ayudarles a empezar con el pie bien puesto, y alertarlos respecto a modalidades de su relación que ya pueden estar necesitando cambios inmediatos. Es mucho más fácil ayudar a una pareja a empezar bien que ayudarlos a *deshacer* una relación conflictiva diez años más tarde.

Se requiere tiempo para desarrollar convicciones en común. Hay tantas cosas sobre las cuales hablar: presupuestos, control de la natalidad, metas a largo plazo, si la esposa debe trabajar o no y cuánto tiempo, relación con la familia política. La lista puede continuar indefinidamente. Cuanto más hablen ahora, menos sorpresas tendrán del otro lado del altar.

¿Hasta dónde debe conversar con su pareja sobre su pasado? Muchas personas han sufrido con este interrogante. En términos generales, necesitan conversar sobre cualquier cosa del pasado que pudiera tener algún efecto sobre la relación. Problemas de drogas, abortos, matrimonios anteriores, problemas síquicos, depresiones y deudas financieras, son algunas de las experiencias más frecuentes que las parejas están obligadas a conversar a fondo.

No es necesario que entre en todos los detalles. Pero si tratan estas cosas antes de la boda, están facilitando un espíritu de libertad, aceptación y perdón que profundiza el amor. Si las cosas salen a la luz después de estar casados, podrían envenenar la relación con desconfianza e ira.

Por otro lado, hay cosas que sería mejor reservar para uno mismo: «Estuve dudando si casarme contigo porque no eras tan bonita (o tan buen mozo) como me hubiese gustado». «Tu familia no es como la mía». Cuando se trata de la apariencia física o de la herencia, acepte lo que ve, aplauda lo que es positivo, y reduzca los demás comentarios al mínimo.

Este es el momento para mirarse mutuamente con realismo y apertura, y preguntar: «Si él (o ella) nunca cambia, ¿seré feliz?» Cuando cada uno de ustedes llegó a Cristo, lo cierto es que le dijeron: «Acéptame tal como soy». A menos que llegue al matrimonio con esa misma actitud, es mejor que revise su proposición. No se case con una persona a menos que esté dispuesto a adaptarse a ella.

Ahora es cuando deben establecer buenos hábitos que les permitan «asegurar preventinamente» la relación matrimonial. Desde que nos comprometimos, Stacy y yo separamos una noche por semana para vivirla como una «cita». Salíamos a cenar o a tomar algo, sólo para conversar. Es sorprendente todo lo que se puede aprender sobre alguien durante dos horas de café sin distracciones. Aunque suene tan simple y obvio, durante los últimos diez años este hábito es el que más nos ha ayudado a mantenernos cerca del pulso de la vida del otro. Y todo empezó cuando estábamos comprometidos.

Otra costumbre que instituimos en ese momento fue el de fielmente pedirnos perdón cada vez que fuera necesario. Si alguien nos escuchara, le podría parecer ridículo: «Lamento haberme olvidado de retirar las compras que me pediste. ¿Me perdonas?» Pequeñas cosas, grandes cosas, todo: decidimos mantener nuestras cuentas al día. Hace poco nos dimos cuenta de que estábamos permitiendo que las fricciones aumentaran, y que cuando ventilábamos los desacuerdos no echábamos mano a esa frase tan sanadora: «Lo siento. ¿Me perdonas?» Volvimos a decidir juntos que mantendríamos la pizarra tan limpia como lo habíamos hecho antes.

Este es el momento de intensificar una práctica que nos va a tomar toda la vida: la de conocer a nuestra pareja. ¿Cuáles son sus mayores necesidades? ¿Qué cosas lo ponen de mal humor? ¿Cómo podemos encarar nuestros conflictos para que podamos resolverlos? El Dr. Howard Hendricks dice: «Si un hombre puede llegar al matrimonio sintiendo que la mayor pasión de su vida es satisfacer a su esposa, y si una joven puede llegar al matrimonio con el propósito exclusivo de satisfacer a su esposo, y si ambos están decididos a consagrarse a satisfacer a Jesucristo, entonces tenemos los ingredientes necesarios para un matrimonio cristiano ideal».(1)

Para que un hombre pueda satisfacer las necesidades profundas de su esposa, debe amarla como Cristo amó a la iglesia hasta dar su vida por ella (Ef 5.25). Esto es mucho más que recordar su cumpleaños y enviarle una tarjeta para el Día de los enamorados. Ella tiene una profunda necesidad de *seguridad* y de sentirse *valorada*. Ella necesita saber que su esposo está cuidando de la familia, que la está llevando con un rumbo seguro. La forma de corregir a una esposa que se queja es que el esposo sea realmente un planificador comunicativo.

Aun en nuestra época, en que la mujer sigue siendo medida según su precio en el mercado, no hay nada que supere el sentirse valorada en los ojos de su esposo. Estas son las palabras que toda mujer anhela oír: «Dime qué piensas acerca de esto, querida». «Realmente necesito tu opinión sobre esta situación». La mayoría de las mujeres valoran el intercambio social (la comunicación) tan intensamente como sus esposos valoran el intercambio sexual; pobre el matrimonio que no cultive ambos.

En cuanto al hombre, las Escrituras declaran que su mayor necesidad es la de ser *respetado*. «Las casadas estén sujetas a sus propios maridos, como al Señor; ...y la mujer respete a su marido» (Ef 5.22 y 33). El hombre necesita sentir que su esposa lo está respaldando, y que está dispuesta a seguir su liderazgo. Un hombre diría: «Querida, lo que necesito es sentir que estás de mi lado, que juegas de mi equipo».

Las necesidades de su pareja se pueden manifestar de distinta forma con el paso de los años, aunque nazcan de las mismas raíces. El compromiso es en el momento de empezar a desarrollar sus habilidades para responder a esas necesidades.

Estoy tan agradecida de que en lugar de perder tiempo pensando en el esmoquin, Stacy dedicó el tiempo de nuestro compromiso a orar por nuestro futuro. Dios respondió con tanta fidelidad a sus súplicas (y lo sigue haciendo) que quizás vale la pena que se las comente. Ora para:
1. que pudiéramos individualmente buscar en primer lugar a Dios (Mt 6.33);
2. que nuestras vidas y nuestro matrimonio reflejaran la

verdadera Luz (Cristo), de tal forma que nuestros parientes y amigos lo pudieran advertir (Mt 5.16);
3. que Dios me guiara a conducir correctamente a la familia (Sal 32.8);
4. que Dios me diera sensibilidad hacia Paula, de tal forma que considerara sus necesidades antes que las mías (Ef 5.28-29);
5. que Dios me ayudara a interpretar sus estados de ánimo, emociones, gustos y disgustos;
6. que nuestra boda diera honra y gloria a Dios;
7. que nuestros hijos llegaran a ser hombres y mujeres de Dios (Sal 103.17-18);
8. que antes de la boda pudiéramos vivir todas las diferentes emociones, el uno del otro: entre otras, ira, tristeza, aburrimiento;
9. que Paula percibiera mi amor por ella cada día, y que disfrutáramos juntos de la vida (Ec 9.9).

Resuelva sus conflictos del pasado

Si usted reconociera ante su consejero que debe cinco mil dólares, éste probablemente le aconsejaría que consiguiera un buen trabajo y pagara sus deudas antes de casarse. Es de mucha tensión para una pareja empezar su relación en un ahogo financiero.

De la misma forma, las deudas emocionales y las relaciones rotas producen desgaste en el matrimonio. Las fricciones y conflictos en relaciones especialmente íntimas, tales como las de los padres o hermanos, deben ser resueltas, porque de lo contrario en un sentido muy real usted nunca podrá dejar su hogar. Cada vez que su esposa le haga una observación que le recuerde su relación con su madre, sentirá que la sangre le arde adentro. La Escritura dice muy acertadamente: «Mirad bien, no sea que alguno deje de alcanzar la gracia de Dios; que brotando alguna raíz de amargura, os estorbe, y por ella muchos sean contaminados...» (He 12.15).

Una amiga me confió una interesante historia acerca de cómo resolvió su relación con su hermano antes de casarse.

«Advertí que había una tensión latente entre nosotros, mayormente producida por la manera sobreprotectora y egoísta con que yo lo trataba por ser menor. Me acerqué a él y reconocí mis fallas, le pedí perdón, y empezamos de cero una nueva relación. Realmente creo que si no hubiera dado ese paso, el pasado hubiera dominado mi relación futura con él y la armonía entre las dos familias».

Ahora es el momento de resolver las deudas del pasado, sean financieras o de otro tipo. «Si es posible, en cuanto dependa de vosotros, estad en paz con todos los hombres» (Ro 12.18).

Son pero no son

No hay etapa de la vida que se parezca a la de una pareja comprometida. Ya no son totalmente solteros, pero lo cierto es que todavía no están casados. La mayor parte del tiempo lo pasan conversando acerca de la vida que vendrá, no de la vida como es ahora. Han esperado tanto el momento de hacer o responder a la pregunta: «¿Quieres casarte conmigo?» que les sorprende que ese estado de éxtasis no dure para siempre.

Les puede servir de consuelo saber que para la mayoría de las personas, el compromiso es una etapa peculiar de transición, acompañada por tormentas previsibles. Por un lado, están ambos más cansados de lo que se dan cuenta. Puede que estén agotados con la planificación del casamiento, cansados de ir y venir entre ambas familias, exhaustos por los detalles que tienen que completar en cuanto al estudio o al trabajo. Muchas parejas cometen el lamentable error de empezar su vida matrimonial tan cansados que después de la boda caen desplomados en la lejana playa que han elegido para su luna de miel.

Si bien es el evento capital de la vida, el objetivo de una boda es llegar a ser marido y mujer, no el de protagonizar el acontecimiento social del año. Muchas personas (especialmente las mujeres) caen presa de «casamientitis»; es decir, quedan tan absorbidos por la búsqueda del moño adecuado para el vestido de la novia que se olvidan de prestar atención a la *relación*, más que al acontecimiento de ese día.

Otra de las tormentas previsibles es el temor. «¿Y si le da por comer cebolla en la cama?» «¿Y si fuma en la iglesia?» «¿Y si mi suegra pretende que cenemos todos los domingos en su casa?» Y tantas preguntas más.

El compromiso tiene muchos altibajos. En el esfuerzo por ser honesto y transparente, no cometa el error de compartir con su futura pareja todas las emociones negativas que sienta, a menos que tenga dudas *serias* acerca de su futuro matrimonio. El sólo hecho de saber que estas cosas le pasan a la mayoría de la gente puede ayudarlo en algo. Después de todo, está haciendo una decisión que es la segunda más importante de su vida.

Han esperado tanto

Quizás la mayor tensión que experimentan la mayoría de las parejas sea la del área física. Pero han esperado tanto para vivir esa unidad física, que pueden esperar unos meses más. Y es enormemente importante que *esperen*.

Por un lado, tenga en cuenta que el 50% de las parejas que dicen: «Nos vamos a casar», no llegan al altar. El compromiso es la etapa en que cualquiera de los dos puede decir: «Creo que esto no va a funcionar». No hace falta que el sexo complique la situación.

En segundo lugar, estarán mucho mejor preparados para la adaptación sexual si llegan al matrimonio sin culpas en ese terreno. Un pastor que conocemos, le pide a las parejas que está por casar que escriban un compromiso en cuanto a los límites que van a poner a la relación física durante el período de compromiso. Luego les dice: «Sepan que les voy a preguntar, cuando los case, si han mantenido su palabra. Quiero que puedan mirar de frente a sus hijos cuando les digan porqué tienen que estar de vuelta en casa a medianoche».

Quizás no lleguen a tanto como firmar un compromiso escrito, pero es necesario que decidan el límite que fijen a su relación física. Es enorme la tentación de avanzar hasta un punto del cual resulta imposible volverse.

La persona apropiada en el momento apropiado

El matrimonio no consiste solamente en encontrar la persona indicada. Para asegurar una transición no conflictiva de la soltería al matrimonio, es preciso casarse con la persona indicada en el momento apropiado. ¿Cuál es la duración óptima de una relación de compromiso? Quizás hayan conocido parejas que han estado comprometidas tres semanas, y otras tres años. Y unos y otros siguen casados y felices.

En términos generales, el período del compromiso tiene que ser lo suficientemente largo como para confirmar o renunciar a su decisión de casarse, y lo suficientemente breve como para no prolongar las demoras. William Coleman dice acertadamente: «El compromiso *no* es el mejor momento para llegar a conocerse. Puede ser un noviazgo de uno, dos, tres, diez años si así lo desean. Pero una vez que dicen: "vamos a casarnos", no es cuestión de que dejen pasar las oportunidades. Tomen el camino más directo al altar, y cásense. Si no están preparados para casarse al cabo de un año como máximo, no se comprometan».(2)

Por supuesto que hay factores que condicionan enormemente. Las bodas implican gastos; van a querer que sus familias estén presentes; sería sabio que tuvieran trabajo seguro. Pero el principio sigue siendo válido: si tienen que esperar mucho más de un año, entonces no se comprometan todavía.

Al pensar en el aspecto de cuándo es apropiado que se casen, tengan en cuenta cuántas cosas *nuevas* van a estar enfrentando al mismo tiempo. Tres días después de casarnos, nos mudamos a otra punta del país, a un lugar que era nuevo para ambos, donde no conocíamos a nadie, teníamos un trabajo nuevo, y una relación nueva entre nosotros.

Yo soy una de esas mujeres raras que lloran varias veces al año, durante unos cinco minutos, después de haber visto una película tonta o una situación en las que todos los demás se han reído. Durante los seis primeros meses de nuestro matrimonio, lloraba al menos una vez por semana. Y como estaba inmensamente feliz con Stacy, los dos estábamos ansiosos por averiguar la razón de mi mal. Finalmente, logramos el veredicto: demasiadas cosas nuevas al mismo tiempo. Les sugiero que eviten esa circunstancia hasta donde les sea posible.

Es conveniente anticipar y planificar la boda lo mejor posible, especialmente la ceremonia. Disfruten la primicia de trabajar juntos en un proyecto común. Pero si las tensiones aumentan y resulta que el novio se descubre discutiendo con su futura cuñada por los cubiertos de plata o de acero inoxidable, es mejor revisar el rol que le toca en cuanto a esos detalles. Como generalmente es la familia de la novia la que corre con esos gastos, conviene seguir la siguiente regla de oro: «El que tiene el oro, pone la regla».

Matrimonio cristiano: un compromiso de por vida

Una amiga nuestra que se casó muy joven me dijo una vez que durante la luna de miel empezó a sentir que había cometido un terrible error. Telefoneó a su padre hecha un mar de lágrimas y le dijo que quería volver a la casa y olvidarse de todo lo ocurrido. «Querida —le replicó su padre—, los votos que hiciste hace unos días los hiciste delante de Dios. El puede ayudarte a cumplirlos. Quédate donde estás». Ella obedeció, y veinticinco años después, está muy contenta de haberlo hecho.

Muchos de ustedes no llegarán a ese extremo, especialmente durante la luna de miel. Pero es bueno recordar que los votos que hacemos delante de muchos amigos y parientes, los repetimos delante del Dios vivo. Las palabras no se pueden pronunciar livianamente. C. S. Lewis dice que cuando nos casamos, firmamos un contrato porque sabemos que habrá momentos de conflicto, aburrimiento y monotonía. El matrimonio delante de Dios es una habitación en la que hay una sola puerta de salida, rotulada «muerte».

El matrimonio le puede brindar las experiencias más sublimes que haya imaginado. Y habrá días en que se pregunte cómo dos personas tan diferentes llegaron a estar juntas. Me encanta releer una afirmación que Dick Halverson hizo respecto a su propio matrimonio.

> El factor primordial es el compromiso, a pesar de las diferencias. Mi esposa y yo estamos casados para toda la vida. Doris y yo hemos acordado que Dios ha sido el testigo de un pacto incondicional para toda la vida. No importa cuán difícil nos resulte vivir juntos, vamos a permanecer unidos. Cada conflicto que pudiéramos usar como excusa para la separación o el divorcio, es el material que Dios quiere usar para profundizar la intimidad en nuestro matrimonio. No hay otra forma de hacerlo; requiere yunque y fragua. No hay otra manera de forjar un buen matrimonio.(3)

Después que resolvimos un terrible desacuerdo, Stacy me recordó: «Querida, sé que soy un pecador, totalmente perdido». A partir de allí lo apodé «el gran pecador», y me reservé el apodo de «pequeña pecadora» (no por referencia a la cantidad de pecado). Todavía seguimos usando a veces nuestros apodos (especialmente cuando estamos bajo tensión), porque esos nombres nos recuerdan que somos dos pecadores casados el uno con el otro.

El matrimonio es una escuela privada en la que se puede aprender el amor que expresa: «Te acepto aunque tenga que escuchar los mismos chistes malos al cabo de casi cincuenta años». A medida que dos personas aprenden el verdadero significado del amor, al enfrentar juntos la realidad de cada día, emergen mejor equipados para amar a otros fuera del aula.

Charlie Sedd es muy conocido por varias razones, entre

ellas las ilustraciones que da acerca del matrimonio. Compara esa unión de dos personas con dos corrientes de agua que convergen en un punto, con gran fuerza y arrojando mucho vapor y espuma. Eventualmente, de esa unión emerge un río, majestuosamente ancho y profundo.

El matrimonio es una aventura que empieza en el altar y termina en una tumba. En el camino habrá risas y lágrimas, ira y éxtasis. De la misma forma que el Señor los acercó, los acompañará. Que siempre puedan acercarse a él, el que fue, el que es y que habrá de venir, porque «Si Jehová no edificare la casa, en vano trabajan los que la edifican...» (Sal 127.1).

Guía de estudio y aplicación — tarea individual

1. ¿Cree usted que el matrimonio tiene algunas garantías: por ejemplo, que nunca más tendrá que tomar una decisión por sí mismo? Si es así, ¿cuáles son esas garantías?
2. ¿Es una buena idea empezar a hablar de matrimonio antes de que el muchacho lo proponga? ¿Por qué?
3. ¿Cuáles considera que son los objetivos del compromiso?
4. ¿Cuáles son algunos temas y asuntos sobre los que debe conversar una pareja comprometida?
5. ¿Cuáles son algunas de las formas en que Satanás puede intentar dañar o destruir la firme relación cristiana de una pareja comprometida?
6. ¿Cómo debiera ser la vida devocional compartida por una pareja antes de casarse?
7. Mientras estaban comprometidos, los autores adoptaron dos prácticas que fortalecieron su matrimonio. ¿Qué fue lo que hicieron? ¿Cuáles son algunas cosas que considera importantes para tomar en consideración como pareja?
8. ¿Hasta qué punto se casa uno con la familia política? ¿Debe tener en cuenta su actitud y relación hacia ellos para decidir el casamiento?

Para memorizar: Salmos 127.1

Proyecto especial: Haga una lista de las cosas que quiere que sean una realidad en su vida como soltero, antes de casarse.

Preguntas para trabajar en grupo

Pregunta 2: ¿Hay algún asunto en el que las diferencias de opinión en la pareja sean tan decisivas que no convendría que se casaran? Si es así, ¿cuáles considera que son esos temas?

Pregunta 3: ¿Cuánto tiempo, en líneas generales, piensa que lleva planear la boda y hacer otros preparativos, como por ejemplo el lugar dónde vivir?

Pregunta 4: ¿Cómo establecer pautas que limiten las relaciones físicas?

Pregunta 5: Si una pareja comprometida no está de acuerdo respecto a algunas decisiones sobre la boda, ¿cómo se debe manejar la situación?

Pregunta 6: ¿Cuáles son algunas cosas que incluiría en sus oraciones al ir acercándose al matrimonio?

Pregunta 7: ¿Qué puede hacer para que el período de compromiso sea un tiempo para disfrutar, y no sólo para andar atareados?

Pregunta 8: ¿Qué importancia tiene hablar con los padres de la novia antes de proponerle formalmente matrimonio?

CITAS

Capítulo 1
1. Stuart Briscoe, en el cassette «*A Call to Singleness*» (Un llamado al celibato).
2. Richard Cohen, «Open Marriage... Broken Marriage» (Matrimonio abierto... Matrimonio roto), *The Washington Post*, citado por Charles Swindoll en *Strike the Original Match* (Aviva la llama), (Multnomah Press, 1980), pp. 36-37. Hay vers. cast.
3. Rebbeca Pippert, *Out of the Saltshaker* (Fuera del Salero), (Inter Varsity Press, 1979), p. 64. Hay vers. cast.

Capítulo 2
1. Charles R. Swindoll, *Strike the Original Match* (Aviva la llama), (Multnomah Press, 1980), p. 19. Hay vers. cast.
2. Swindoll, p. 21.

Capítulo 3
1. Citado por Marilyn Machlowitz en «Anxiety Still Surrounds U.S. Dating Practices» (En los Estados Unidos el noviazgo todavía está marcado por la ansiedad), *Stillwater News Press*, 19 de mayo de 1981, p. 8.
2. Francis Schaeffer, en el prólogo a *Your Half of the Apple* (Tu mitad de la manzana), por Gini Andrews (Zondervan, 1972), p. 1.

Capítulo 4

1. Elisabeth Elliot, *The Mark of a Man* (Lo que distingue a un hombre), (Fleming Revell, 1981), p. 32.
2. Walter Trobisch: «Lovestyle» (Cómo amar), Revista *His*, febrero de 1975, p. 25.
3. Trobisch.
4. *Webster's New Collegiate Dictionary* (G. & C. Merriam, 1974), p. 437.
5. Elisabeth Elliot Gren, «Whatever happened to dating?» (¿Qué pasó con el noviazgo?), *Moody Monthly*, julio-agosto de 1978, p. 70.
6. John Powell: *Why am I afraid to tell you who I am?* (¿Por qué me da miedo mostrarme a mí mismo?), (Argus Communications, 1969), pp. 54-61.

Capítulo 5

1. Jo Berry, «Does Your Husband Need Jesus?» (¿Necesita a Cristo su esposo?), *Christianity Today*, 20 de febrero de 1981, p. 28.
2. Scott Kirby, *Dating* (Noviazgo), (Baker Book House, 1979), pp. 50-52.
3. Ray Short, *Sex, Love, or Infatuation* (Sexo, Amor o Enamoramiento), (Augsburg Publishing House, 1978), p. 120.
4. Kirby, p. 52.
5. Stuart Briscoe, en la cinta grabada «A Call to Singleness» (Llamado al celibato).

Capítulo 6

1. Hornell Hart, citado en *Sex, Love, or Infatuation* (Sexo, Amor, o Enamoramiento), por Ray E. Short, (Augsburg Publishing House, 1978), p. 45.
2. C. S. Lewis, citado en *Eros, Defiled: The Christian and Sexual Sin* (Eros y el pecado sexual), por John White, (InterVarsiy Press, 1977), p. 10. Hay vers. cast.
3. Sir Rabindranath Tagore, *Leadership* (Liderazgo), invierno de 1980, Vol. I, Nº 1, p. 117.
4. Mary Calderone y Eric W. Johnson, *The Family Book about Sexuality* (Manual familiar sobre sexualidad), (Harper and Row Publishers, 1979).
5. Short, pp. 83-89.
6. White, p. 57.

Capítulo 7

1. John White: *Eros Defiled: The Christian and Sexual Sin* (Eros y el pecado sexual), (Inter Varsity Press, 1978), p. 28. Hay vers. cast.
2. «Diccionario Enciclopédico Castellano», Ed. Castellana, (España, 1985).

CITAS

3. J. D. Unwin, citado en «How to Put Premarital Sex on Hold» (Cómo controlar el sexo antes del matrimonio), por Reo M. Christenson, *Christianity Today*, 19 de febrero de 1982, p. 17.
4. Will y Ariel Durant, citados en «How to Put Premarital Sex on Hold» (Cómo controlar el sexo antes del matrimonio).
5. Rosalie de Rosset, «Chaste by Choice» (Casto por decisión), *Christianity Today*, 19 de febrero de 1982, p. 18.
6. Tim LaHaye, *The Act of Marriage* (El acto matrimonial), (Zondervan, 1976, p. 31). Hay vers. cast.
7. «The Domino Theory of Dating» (El efecto dominó en el amor), Alice Fryling, *His*, febrero de 1975, p. 16.
8. «Six Insights Which Changed John Powell» (Seis verdades que cambiaron a John Powell), citado en *Fully Human, Fulle Alive* (Plenamente humano, plenamente vivo), (Argus, 1976), en Idea-Source, ed. Monte Unger.

Capítulo 8

1. John MacArthur, «Singleness as a Gift of the Spirit» (El celibato como don del Espíritu Santo), Moody Monthly, enero de 1977, pp. 89-90.
2. Citado en *Singleness* (Soltería), por Charles R. Swindoll (Multnomah Press, 1981), p. 22.
3. Elisabeth Elliot, *Let Me Be a Woman* (Déjenme ser mujer), (Tyndale House Publishers, 1976), p.33.
4. A. W. Tozer, *The Best of A. W. Tozer* (Lo mejor de A. W. Tozer), compilado por Warren W. Wiersbe (Baker Book House, 1978), p. 227.
5. Judy Douglas, *Old Maid is a Dirty Word* (Soltería es una mala palabra), (Here's Life Publishers, 1979), p. 42.
6. Douglas, p. 54.
7. John White, *Eros Defiled: The Christian and Sexual Sin* (Eros y el pecado sexual), (InterVarsity Press, 1977), p. 138. Hay vers. cast.

Capítulo 9

1. James Peterson, citado en *Premarital Counseling* (Orientación prematrimonial), por Norman Wright, (Moody Press, 1977), p. 22.
2. Maxine Hancock, «Commitment That Endures» (Compromiso que perdura), *Family Life Today*, marzo de 1981, p. 20.
3. Robert K. Kelley, *Courtship, Marriage, and the Family* (El noviazgo, el matrimonio y la familia), (Harcourt, Brace, Jovanovich, 1974), p. 214.
4. Walter Trobisch, *I Married You* (Me casé contigo), (Harper & Row Publishers, 1971), p. 75. Hay vers. cast.
5. Charles R. Swindoll, *Singleness* (Soltería), (Multnomah Press, 1981), p. 13.

6. Ray Short, *Sex, Love, or Infatuation: How Can I Really Know?* (Sexo, amor y enamoramiento: ¿Cómo puedo saberlo?), (Augsburg Publishing House, 1978), p. 17.

Capítulo 10
1. Howard Hendricks, «Yardsticks of Love» (Las normas del amor).
2. William L. Coleman, *Engaged* (Comprometidos), (Tyndale House Publishers, 1980), p. 23.
3. «Planting Seeds and Watching Them Grow» (Plantando semillas y viéndolas crecer), entrevista al Dr. Richard C. Halverson, *Leadership*, Otoño de 1980, p. 19.